10분이면 완성하는
작명 가이드

10분이면 완성하는 작명 가이드

발행일   2024년 2월 29일

지은이   이대진
펴낸이   손형국
펴낸곳   (주)북랩
편집인   선일영   편집   김은수, 배진용, 김다빈, 김부경
디자인   이현수, 김민하, 임진형, 안유경, 한수희   제작   박기성, 구성우, 이창영, 배상진
마케팅   김회란, 박진관
출판등록   2004. 12. 1(제2012-000051호)
주소   서울특별시 금천구 가산디지털 1로 168, 우림라이온스밸리 B동 B113~115호, C동 B101호
홈페이지   www.book.co.kr
전화번호   (02)2026-5777   팩스   (02)3159-9637

ISBN   979-11-7224-007-3 03140 (종이책)   979-11-7224-008-0 05140 (전자책)

(주)북랩 성공출판의 파트너

북랩 홈페이지와 패밀리 사이트에서 다양한 출판 솔루션을 만나 보세요!

홈페이지 book.co.kr   •   **블로그** blog.naver.com/essaybook   •   **출판문의** book@book.co.kr

작가 연락처 문의 ▸ ask.book.co.kr

작가 연락처는 개인정보이므로 북랩에서 알려드릴 수 없습니다.

10분이면 완성하는
작명 가이드

이대진 지음

북랩

작명을 하는 데 길게는 네댓 시간이 소요되기도 한다. 그렇다고 해서 좋은 이름이 담보되지 않는 것이 작명이다. 이름자가 쉽게 찾아질 때는 한두 시간 소요될 때도 있다. 사주팔자에 적합하게 좋은 이름을 작명하는 것은 쉬운 일이 아니다.

'正名順行(정명순행)'이라는 말이 있다. 이 말은 약 2,500여 년 전 공자가 한 말이라고 한다. '이름이 바르면 모든 일이 순조롭게 잘 되어간다'는 뜻이다. 이 책은 먼저 1획의 성씨부터 31획의 성씨에 이르기까지 적합한 수리를 조합하였다. 이름은 성 자를 포함 2자 명보다는 3자 명이 이상적이다. 4자 명이 더 이상적일 수 있다. 선천적인 사주팔자에서 부족한 부분을 충족시킬 수 있는 여지가 많기 때문이다. 작명에 길한 숫자를 찾기 쉽게 표기했다.

이 책은 각 성씨마다 2자 명, 3자 명은 물론이며 4자 명에 길한 조합의 숫자를 표기했다. 아라비아 숫자가 지니고 있는 오행(五行)을 표기했다. 요즘 삼원오행법(三元五行法)은 작명에 잘 적용하지는 않으나 삼원오행법도 함께 수록했다. 2자 명, 3자 명, 4자 명(성씨 포함)의 원형이정격(元亨利貞格) 찾는 법을 수록하면서 인생에서 원, 형, 이, 정, 격이 유년, 청년, 중년 노년기 중 어느 위치에 있는가를 설명했다.

한자는 어느 한자이든 부여된 오행 획수, 토씨가 있다. 이 책은 대법원이 작명에 허용한 한자의 범위 내에 수록했다. 이들 한자가 어떠한 오행을 지니고 있는가를 확인하고 그 한자에 부여된 한자의 획수와 토씨를 표기했다. 뿐만 아니라 각 성씨마다 성씨에 부여된 오행과 획수, 토씨들도 달았다. 그래서 좋

은 이름을 작명하고자 할 때 자유자재로 능란하게 활용할 수 있다. 예컨대 7획의 성씨라고 하면 7획의 성씨가 성명에서 길한 조합수로 7-9-8 등이 한데 모아져 있다. 또 획수, 오행, 토씨가 부여된 한자를 쉽게 찾을 수 있도록 체계화시켰기에 어느 사주팔자이든 10분이면 작명이 가능하다.

작명을 하다 보면 오행 중에 금(金)이 부여된 한자를 찾기 어려울 때가 있다. 목화토금수(木火土金水) 중에 유독 금이 부여된 한자가 그렇다는 것이다. 이를 위해 특별히 부록으로 금견(金見)을 수록했다. 부록의 한자들 모두가 부여된 오행이 금이라는 것이다.

더러는 명리학의 어떤 책은 간결하게 해도 될 것을 장황하게 쓴 경우가 있다. 이 책은 어떠한 장황함 없이 오직 쉽게 사주팔자와 부합하는 아주 좋은 이름을 작명할 수 있도록 체계화했다는 것이 장점이고 특징이다. 명리학을 접하지 않은 사람도 조금만 이해하면 쉽게 작명할 수 있도록 구성했다. 작명소, 성명철학원, 명리학에 입문하고자 하는 이들에게 긴요한 책이 될 것이다.

雲現堂에서
白松 李大鎭

목차

7. 성씨 획수별 조합수리 … 47

◎ ○ 표시가 길한 숫자이다.

1	◎	2		3	◎	4		5	◎	6	◎	7	○	8	○	9		10
11	○	12		13	◎	14		15	◎	16	◎	17	○	18	○	19		20
21	○	22		23	○	24	◎	25	◎	26		27		28		29	◎	30
31	◎	32	○	33	○	34		35	◎	36		37	◎	38	◎	39	○	40
41	◎	42		43		44		45	◎	46		47	◎	48	◎	49		50
51		52	◎	53		54		55		56		57	◎	58		59		60
61	◎	62		63	◎	64		65	◎	66		67	◎	68	◎	69		70
71	◎	72		73	○	74		75	○	76		77		78		79		80
81	◎																	

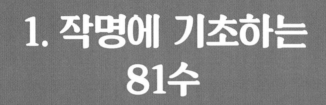

1. 작명에 기초하는
81수

81수의 길흉(吉凶)

1. **태초격(太初格):** 81수의 첫 자로 만물의 생동을 의미하고 명예, 발전, 부귀, 장수, 행복을 의미하는 수이다.

2. **분산격(分散格):** 매사가 헛일이 되고 파산, 이혼, 생사이별 하는 패가망신하는 수이다.

3. **명예격(名譽格):** 만인을 통솔하는 아주 좋은 수이다.

4. **사멸격(死滅格):** 죽고 없어지는 격이다. 증오, 실패, 변사, 단명 등 대흉운의 수이다.

5. **통어격(統御格):** 만인을 통솔하는 길사의 운과 재운, 복록이 많은 수이다.

6. **계승격(繼承格):** 사회적 대업을 계승 성취하고 장수, 부귀 영화하는 수이다.

7. **강성격(剛成格):** 온화한 기풍으로 만인과 소통하고 사회적 발전을 성취하는 수이다.

8. **발달격(發達格):** 강력한 운세로 자수성가하는 대길수이다.

9. **종국격(終局格):** 사업실패, 가난, 자살, 조난, 형벌, 불구, 가정파탄, 불운의 수이다.

10. **귀공격(歸空格):** 이혼, 조난, 요절, 형벌 등 불운을 초래하는 수이다.

11. **갱신격(更新格):** 명철하고 진취적 기상을 가진 부귀 장수하는 수이다.

12. **유약격(柔弱格):** 자살, 가난, 고독, 형벌, 변사, 부부생이별, 자녀이별 등 불운의 수이다.

13. **총명격(聰明格):** 능히 대업을 성취하는, 행복을 누리는 대길수이다.

14. **이산격(離散格):** 모든 게 흩어지는 고독, 실패, 병약, 가정파탄, 생사이별, 불운이 연속되는 흉한 수이다.

15. **통솔격(統率格):** 자수성가하고 만인을 다스리는 부귀영화의 수이다.

16. **덕망격(德望格):** 재운이 많고, 부귀영화 하는 수이다. 특히 여자 이름에 길한 수이다. 아주 좋은 길상의 수이다.

17. **용진격(勇進格):** 부단히 노력하여 자수성가하는 재운이 좋은 수이다.

18. **발전격(發展格):** 자수성가하여 사회적 성공을 가저오는 수이다.

19. **성패격(盛敗格):** 가난, 실패, 자살, 형벌, 병약, 단명, 과부, 조난, 불구 등 아주 나쁜 흉수이다.

20. **공허격(空虛格):** 가난, 자살, 사별, 이혼, 단명, 병약한 수이다.

21. **자립격(自立格):** 자수성가하여 만인의 촉망을 받는 지도력이 탁월한 수이다.

22. **중절격(中折格):** 가정파탄, 단명, 부부사별, 과부, 실패, 형벌, 조난 등 불운의 수이다.

23. **혁신격(革新格):** 명철함, 탁월함으로 지도력을 가져 사회적 성공을 이루는 수이다.

24. **출세격(出世格):** 천하를 진동시키는 길한 수로, 자수성가하여 부귀영화를 누리는 수이다.

25. **안강격(安康格):** 자수성가하여 명예, 재운, 행복을 누리는 수이다.

26. **만달격(晚達格):** 가난, 실패, 자살, 이혼, 형벌, 조난 등 불운의 수이다.

27. **대인격(大人格):** 실패, 형벌, 조난, 불구, 단명, 중도실패, 좌절, 파란만장한 수이다.

28. **풍파격(風波格):** 변사, 불구, 형벌, 이혼, 사별 등 불운의 수이다.

29. **성공격(成功格):** 부귀 장수하는 길상으로 사회적 성공을 이루는 길수이다.

30. **불측격(不測格):** 형벌, 고독, 실패, 좌절, 절망하는 운으로 수포가 되는 수이다.

31. **세찰격(世察格):** 자수성가하는 수로 부흥하는 대길수이다. 여자 이름에 더 좋은 길수이다.

32. **순풍격(順風格):** 순조롭게 발전하는 수로, 후원을 얻어 파죽지세로 성장하는 수이다.

33. **등용격(登龍格):** 만인이 추앙하는 길상으로 명예가 진동하는 수이다.

34. **변란격(變亂格):** 부부사별, 이혼, 자녀와의 생사이별, 변란의 수이다.

35. **태평격(太平格):** 행복, 장수, 명예, 문학, 예술 등에 이름을 떨쳐 부귀를 누리는 수이다.

36. **영웅격(英雄格):** 가난, 실패, 자살, 병약, 피살 등 파란만장한 수이다.

37. **정치격(政治格):** 대업을 달성하여 명예와 부귀를 누리는 대길수이다.

38. **문예격(文藝格):** 창작, 문학, 예술 등에 탁월한 수로 명예와 부귀를 누리는 수이다.

39. **장성격(將成格):** 대성하는 수이다. 부귀영화가 충만한 수이다.

40. **변화격(變化格):** 패가망신, 사업실패 등 물거품이 되는 수이다.

41. **고명격(高明格):** 지도적 위치에 올라 부귀영화와 권세를 누리는 수이다.

42. **행고격(幸苦格):** 불구, 병약, 조난, 가족의 생사이별, 실패 등 불운을 초래하는 수이다.

43. **성쇠격(盛衰格):** 실패, 정신광증 등 흉운이 초래해 파란만장한 수이다.

44. **침마격(侵魔格):** 병난, 불구, 피살, 광증, 단명, 가족의 생사이별, 사업실패 등 흉운이 많은 수이다.

45. **대각격(大覺格):** 천재적 재능을 가져 지도적 위치에 오르는 대길상의 수이다.

46. **미운격(未運格):** 고독, 병약, 단명, 흉운이 많은 수이다.

47. **출세격(出世格):** 명예와 권세를 떨쳐 부귀영화를 누리는 길상의 수이다.

48. **제중격(濟衆格):** 종교적으로 높이 오르는 수이다. 대길상의 수이다.

49. **변화격(變化格):** 실패, 고독, 조난, 가정파탄 등을 초래하는 흉수이다.

50. **상반격(相半格):** 물거품이 되는 수로, 병약하고 흉운의 수이다.

51. **길흉격(吉凶格):** 재산이 흩어지는 수로 실패, 고난이 이어져 나쁘다.

52. **승룡격(昇龍格):** 명예를 달성하고 후손에 전달하는 대길수이다. 대학자의 수이다.

53. **내허격(內虛格):** 패가망신하는 흉한 수이다.

54. **무공격(無功格):** 형벌, 불구, 횡사, 변사, 흉운을 초래하는 수이다.

55. **미달격(未達格):** 부부의 생사이별, 사업실패, 고난 등 재앙이 많은 수이다.

56. **한탄격(恨嘆格):** 좌절, 사업실패 등 물거품이 되어 패가망신하는 수이다.

57. **봉시격(逢時格):** 명예, 권세를 쥐어 성공을 이루는 대길상의 수이다.

58. **선곤격(先困格):** 조난, 가정파탄 등 파란이 많으나 만년은 괜찮은 수이다. 작명에 꺼려야 하는 수이다.

59. **재화격(災禍格):** 조난, 가정파탄, 자살 등 흉운이 따르는 수이다.

60. **동요격(動搖格):** 실패, 고초, 형벌, 피살, 병약, 단명, 흉운의 수이다.

61. **이지격(理智格):** 명예와 재복이 많아 부를 얻는 대길상의 수이다.

62. **화락격(花落格):** 병약하고 고난의 연속으로 패가망신하는 흉수이다.

63. **순성격(順成格):** 순조롭게 발전해 명예와 부를 함께 누리는 길상의 수이다.

64. **봉상격(逢霜格):** 병약하고 쇠약해 패가망신하는 흉수이다.

65. **휘양격(輝陽格):** 사회적으로 상당히 높이 올라 부귀영화를 누리는 길상의 수이다.

66. **암야격(暗夜格):** 병약, 이별, 가정파탄 등 패가망신하는 수이다.

67. **천복격(天福格):** 재운이 많이 따르고 부귀영화를 누리는 길상의 수이다.

68. **명지격(明智格):** 창조적 재능을 가지는 수이다. 자수성가하여 행복을 누리는 수이다.

69. **종말격(終末格):** 조난, 병약, 단명, 사업실패, 풍운이 따르는 불운의 수이다.

70. **공허격(空虛格):** 불구, 단명, 실패, 물거품이 되는 흉운의 수이다.

71. **견룡격(見龍格):** 명예와 부를 얻어 부귀영화를 누리는 수이다.

72. **상반격(相半格):** 반 길하고 반 흉해 작명에 꺼려야 하는 수이다.

73. **평길격(平吉格):** 노력을 많이 해야 하는 수이다. 기피하는 게 좋다.

74. **우매격(愚昧格):** 재앙 등 고초를 겪는 흉운의 수이다.

75. **적시격(適時格):** 부와 명예를 얻는 수이지만 흉운도 따르는 수이다.

76. **선곤격(先困格):** 조난, 파란 등 파란이 많고 말년은 괜찮으나 작명에 꺼려야 하는 수이다.

77. **전후격(前後格):** 반길반흉으로 작명에 꺼려야 하는 수이다.

78. **선길격(先吉格):** 전반은 괜찮으나 말년이 흉하다. 작명에 꺼려야 하는 수이다.

79. **종극격(終極格):** 실패, 좌절 등 흉운이 연속되는 수이다.

80. **종결격(終結格):** 병약, 가정파탄, 사업실패, 흉운의 수이다.

81. **환원격(還元格):** 신귀낙서에서 유래되었다는 9, 9, 81, 본래대로 환원되는 수. 장수, 부귀영화를 누리는 아주 좋은 대길수이다.

2. 삼원오행법
(三元五行法)

삼원오행 水, 金, 土를 예로 들면 아래와 같다.

9획(水)	17획(金)	16획(土)
9	8	8
宣	杻	炎
선	유	담

宣자 9획 水이다.
宣자 9획과 杻자 8획을 합한 숫자가 17획으로 金이다.
杻자 8획과 炎자 8획을 합한 숫자가 16획으로 土이다.
水, 金, 土가 삼원오행이다.

초성음의 성질

ㄱ	오행(五行) 목(木) 자신 형제 푸른색
ㄴ, ㄷ, ㄹ, ㅌ	오행(五行) 화(火) 자녀 성품 성격 붉은색
ㅁ, ㅂ, ㅍ	오행(五行) 수(水) 학문 문서 검은색
ㅅ, ㅈ, ㅊ	오행(五行) 금(金) 명예 남편 직업 흰색
ㅇ, ㅎ	오행(五行) 토(土) 부인 재물 노란색

五行(오행)이 가지고 있는 숫자

木(목)	1, 2
火(화)	3, 4
土(토)	5, 6
金(금)	7, 8
水(수)	9, 10

숫자의 陰陽(음양)

음	2	4	6	8	10
양	1	3	5	7	9

초성음의 相生(상생)관계

작명에서 가장 중요시해야 할 부분이 초성음이 상생관계가 되게 해야 한다.

표기도 하고 부르기도 하는 게 이름이다. 이름에는 語感(어감)이 있다. 좋은 어감, 나쁜 어감, 이상한 어감이 있다. 나쁜 어감, 이상한 어감이 발생하는지를 주의해야 하고, 좋은 어감이 발생해야 한층 더 좋은 이름임을 염두에 두어야 한다.

초성음의 相生(상생)관계

ㄱ(木)은 ㄴ, ㄷ, ㄹ, ㅌ(火)을 生한다.

ㄴ, ㄷ, ㄹ, ㅌ(火)은 ㅇ, ㅎ(土)을 生한다.

ㅇ, ㅎ(土)은 ㅅ, ㅈ, ㅊ(金)을 生한다.

ㅅ, ㅈ, ㅊ(金)은 ㅁ, ㅂ, ㅍ(水)을 生한다.

ㅁ, ㅂ, ㅍ(水)은 ㄱ, ㅋ(木)을 生한다.

초성음의 相剋(상극)관계

ㅅ, ㅈ, ㅊ(金)은 ㄱ(木)를 克한다.

ㄱ(木)은 ㅇ, ㅎ(土)을 克한다.

ㅇ, ㅎ(土)은 ㅁ, ㅂ, ㅍ(水)을 克한다.

ㅁ, ㅂ, ㅍ(水)은 ㄴ, ㄷ, ㄹ, ㅌ(火)를 克한다.

ㄴ, ㄷ, ㄹ, ㅌ(火)은 ㅅ, ㅈ, ㅊ(金)을 克한다.

木火土金水의 관계

木火土金水의 相生(상생)관계

木은 火를 生한다.
火는 土를 生한다.
土는 金을 生한다.
金은 水를 生한다.
水는 木을 生한다.

木火土金水의 相剋(상극)관계

金은 木을 克한다.
木은 土를 克한다.
土는 水를 克한다.
水는 火를 克한다.
火는 金을 克한다.

3. 원형이정격
(元亨利貞格)

성 자를 포함한 2자 명, 3자 명, 4자 명의
원형이정격(元亨利貞格)의 구성

(1) 성 자를 포함한 2자 명의 구성

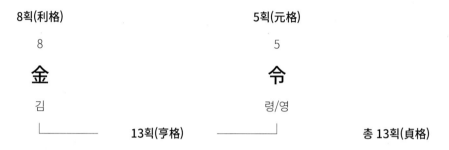

(2) 2자 성과 1자 명의 구성

(3) 성 자 포함 3자 명의 구성

(4) 2자 성과 2자 명의 구성

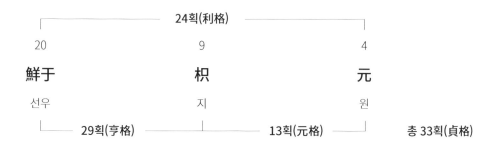

(5) 성 자 포함 4자 명의 구성

(6) 전통의 성 자를 포함한 4자 명의 구성

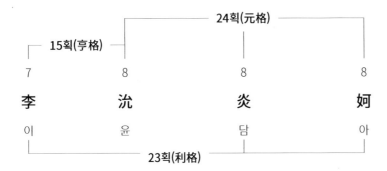

총 31획(貞格)

원형이정격(元亨利貞格)의 시기

원격(元格)	성 자를 제외한 이름자를 합한 수를 뜻한다.
	가장 앞쪽의 운으로 유소년기의 운을 뜻한다.
형격(亨格)	성 자와 이름자의 첫 자를 합한 수를 뜻한다.
	인생의 운명에서 가장 강력하게 영향을 갖는 운이라고 할 수 있는 청년기에 해당된다.
이격(利格)	성 자와 이름 뒷 자를 합한 수를 뜻한다.
	결혼 후의 운이라고 할 수도 있겠고 중장년기를 뜻한다.
정격(貞格)	성명 자의 모두를 합한 수를 뜻한다.
	말년의 노년기를 말하나 인생 전체를 의미하기도 한다.

성 자를 포함한 4자 명은 글자가 많은 만큼 복잡할 수밖에 없다. 그러나 전통의 4자 명의 구성을 보면 복잡한 것이 없다.

윤(沇) 자와 담(炎) 자의 합수, 담(炎) 자와 아(婀) 자의 합수가 배제되었다. 이것은 대단히 불합리하다. 그것도 바로 옆에 있음에도 그렇다. 어느 곳에서 어디가 되었건 배제되어서는 안 되고 길한 숫자가 나와야 한다.

'온고지신'이라는 고사성어가 있다. 옛 것에서 새로운 것을 찾는다는 말이다. 모든 게 발전하고 있다. 옛 것을 보전하고 계승해야 하지만 미흡하고 불합리하면 새롭게 고쳐나가 정의하고 발전해야 한다.

작명에서 유의해야 하는 변(부수)의 획수

氵 (水)	물수변 4획	水
忄 (心)	마음심변 4획	火
扌 (手)	손수변 4획	木
王 (玉)	임금왕변 5획	金
月 (肉)	고기육변 6획	水
辶 (辵)	쉬엄쉬엄갈착변 7획	土
艹 艹 (艸)	풀초변 6획	木
阝 (邑)	고을읍변 右방변 7획	土
阝 (阜)	언덕부변 左방변 8획	土
罒 罓 (网)	그물망변 6획	木
犭 (犬)	개사슴록변 4획	土
歹 (歺)	죽을사변 5획	水
衤 (衣)	옷의변 6획	木

4. 성명에 凶한 조합수리

◎ ○ 표시는 삼원오행법에서도 길한 것들이다.

1 - 16 - 7 = 24	2 - 14 - 15 = 31	3 - 2 - 13 = 18 ◎
1 - 7 - 10 = 18	2 - 3 - 13 = 18	3 - 5 - 10 = 18 ○
1 - 2 - 5 = 8 ○	2 - 4 - 11 = 17 ○	3 - 10 - 8 = 21
1 - 2 - 4 = 7◎	2 - 1 - 5 = 8 ◎	3 - 4 - 14 = 21
1 - 2 - 15 = 18 ○	2 - 1 - 4 = 7 ◎	3 - 13 - 16 = 32 ○
1 - 5 - 12 = 18 ○	2 - 5 - 11 = 18 ○	3 - 14 - 15 = 32
1 - 17 - 14 = 32	2 - 16 - 13 = 31 ○	3 - 13 - 22 = 38 ◎
1 - 6 - 10 = 17 ○	2 - 5 - 16 = 23	3 - 14 - 21 = 38
1 - 16 - 16 = 33	2 - 1 - 15 = 18 ◎	3 - 8 - 13 = 24 ◎
1 - 2 - 14 = 17 ◎	2 - 22 - 13 = 37 ◎	3 - 13 - 2 = 18 ◎
1 - 7 - 10 - 6 = 24	2 - 16 - 21 = 39	3 - 10 - 5 = 18 ◎
	2 - 22 - 13 = 37	3 - 21 - 14 = 38 ◎
	2 - 11 - 4 = 17 ◎	3 - 13 - 8 - 5 = 29
	2 - 11 - 5 = 18 ◎	
	2 - 13 - 3 - 3 = 21	

4 - 2 - 11 = 17 ◎	5 - 2 - 11 = 18 ○	6 - 7 - 18 = 31 ◎
4 - 3 - 14 = 21	5 - 1 - 12 = 18 ◎	6 - 12 - 19 = 37 ○
4 - 4 - 9 = 17	5 - 3 - 10 = 18 ○	6 - 1 - 10 = 17 ○
4 - 9 - 20 = 33	5 - 8 - 8 = 21 ◎	6 - 2 - 15 = 23 ◎
4 - 11 - 14 = 29 ◎	5 - 10 - 8 = 23 ◎	6 - 9 - 16 = 31
4 - 13 - 12 = 29 ○	5 - 12 - 12 = 29	6 - 10 - 15 = 31
4 - 11 - 20 = 35 ○	5 - 20 - 12 = 37	6 - 11 - 12 = 29 ○
4 - 14 - 21 = 39 ○	5 - 2 - 16 = 23 ◎	6 - 23 - 9 = 38
4 - 12 - 21 = 37 ◎	5 - 8 - 16 = 29 ◎	6 - 7 - 11 = 24 ○
4 - 13 - 20 = 37	5 - 8 - 24 = 37 ◎	6 - 10 - 19 = 35
4 - 4 - 25 = 33	5 - 11 - 2 = 18 ◎	6 - 10 - 7 = 23 ◎
4 - 12 - 25 = 41	5 - 8 - 8 - 8 = 29	6 - 12 - 19 = 37
4 - 21 - 12 = 37 ◎		6 - 7 - 18 = 31
4 - 12 - 13 = 29 ◎		6 - 11 - 18 = 35 ◎
4 - 20 - 11 = 35 ◎		6 - 11 - 7 = 24 ◎
4 - 21 - 14 = 39 ◎		6 - 10 - 25 = 41
4 - 12 - 9 - 12 = 37		6 - 9 - 9 - 7 = 31

7 - 6 - 19 = 32 ○	8 - 17 - 16 = 41 ◎	9 - 6 - 16 = 31
7 - 8 - 8 = 23 ◎	8 - 5 - 8 = 21 ○	9 - 4 - 20 = 33
7 - 9 - 8 = 24 ◎	8 - 7 - 9 = 24 ◎	9 - 8 - 8 = 25 ◎
7 - 1 - 10 = 18	8 - 7 - 8 = 23 ◎	9 - 7 - 16 = 32 ○
7 - 8 - 16 = 31 ◎	8 - 8 - 9 = 25 ◎	9 - 8 - 16 = 33 ○
7 - 8 - 10 = 25 ◎	8 - 7 - 16 = 31 ◎	9 - 9 - 6 = 24
7 - 9 - 16 = 32 ◎	8 - 7 - 10 = 25 ◎	9 - 9 - 20 = 38 ◎
7 - 8 - 17 = 32 ◎	8 - 8 - 17 = 33 ◎	9 - 7 - 22 = 38 ○
7 - 6 - 10 = 23 ○	8 - 10 - 15 = 33 ◎	9 - 4 - 4 = 17
7 - 6 - 11 = 24	8 - 10 - 9 = 33 ○	9 - 15 - 24 = 48
7 - 8 - 9 = 24 ◎	8 - 3 - 13 = 24	9 - 2 - 4 = 15 ○
7 - 1 - 16 = 24	8 - 5 - 16 = 29	9 - 2 - 6 = 17 ○
7 - 9 - 22 = 38	8 - 16 - 17 = 41 ○	9 - 22 - 7 = 38 ◎
7 - 1 - 24 = 32 ◎	8 - 7 - 17 = 32 ◎	9 - 8 - 7 = 24 ◎
7 - 6 - 18 = 31 ○	8 - 8 - 25 = 41 ◎	9 - 8 - 8 - 7 = 32
7 - 18 - 6 = 31 ◎	8 - 8 - 7 = 23 ◎	9 - 4 - 12 - 12 = 37
7 - 9 - 16 = 32 ◎	8 - 8 - 5 = 21 ◎	
7 - 10 - 6 = 23 ◎	8 - 9 - 16 = 33 ◎	
7 - 8 - 8 - 8 = 31	8 - 17 - 16 = 41 ◎	
	8 - 9 - 7 = 24 ◎	
	8 - 8 - 13 = 29 ○	
	8 - 8 - 8 - 7 = 31	

10 - 3 - 5 = 18	11 - 12 - 6 = 29 ○	12 - 4 - 21 = 37
10 - 6 - 7 = 23	11 - 2 - 5 = 18 ○	12 - 12 - 17 = 41
10 - 6 - 19 = 35	11 - 4 - 14 = 29 ○	12 - 5 - 12 = 29
10 - 7 - 8 = 25 ◎	11 - 6 - 12 = 29	12 - 6 - 11 = 29
10 - 7 - 16 = 33 ○	11 - 6 - 7 = 24	12 - 5 - 1 = 18
10 - 14 - 15 = 39	11 - 18 - 18 = 47 ○	12 - 5 - 20 = 37
10 - 6 - 15 = 31	11 - 6 - 18 = 35	12 - 6 - 19 = 37 ○
10 - 8 - 15 = 33 ○	11 - 13 - 24 = 48 ○	12 - 13 - 4 = 29 ○
10 - 8 - 5 = 23 ○	11 - 2 - 4 = 17 ◎	12 - 12 - 13 = 37 ◎
10 - 7 - 1 = 18 ◎	11 - 12 - 12 = 35 ◎	12 - 15 - 20 = 47 ○
10 - 3 - 8 = 21	11 - 12 - 6 = 29 ○	12 - 21 - 4 = 37 ◎
10 - 8 - 7 = 25 ◎	11 - 5 - 2 = 18 ○	12 - 17 - 12 = 41 ◎
10 - 8 - 3 = 21 ◎	11 - 12 - 12 - 13 = 48	12 - 1 - 5 = 18 ◎
10 - 7 - 6 = 23 ○		12 - 11 - 6 = 29 ○
10 - 5 - 8 = 23 ○		12 - 12 - 9 - 4 = 37
10 - 8 - 7 = 25 ◎		
10 - 5 - 8 - 8 = 31		

13 - 4 - 12 = 29	14 - 4 - 11 = 29	15 - 17 - 16 = 48
13 - 2 - 16 = 31	14 - 3 - 15 = 32	15 - 16 - 16 = 47
13 - 3 - 8 = 24	14 - 2 - 15 = 31 ◎	15 - 10 - 14 = 39 ◎
13 - 4 - 20 = 37	14 - 1 - 2 = 17 ◎	15 - 2 - 6 = 23 ◎
13 - 12 - 12 = 37 ◎	14 - 3 - 21 = 38	15 - 2 - 1 = 18
13 - 12 - 4 = 29 ◎	14 - 10 - 15 = 39 ◎	15 - 2 - 16 = 33 ◎
13 - 16 - 16 = 45	14 - 15 - 18 = 47	15 - 14 - 18 = 47
13 - 2 - 22 = 37 ◎	14 - 11 - 4 = 29 ◎	15 - 3 - 14 = 32 ◎
13 - 3 - 22 = 38 ◎	14 - 21 - 3 = 38 ◎	15 - 2 - 14 = 31 ◎
13 - 16 - 19 = 48	14 - 18 - 15 = 47 ◎	15 - 1 - 2 = 18 ◎
13 - 2 - 3 = 18 ◎	14 - 9 - 9 - 7 = 39	15 - 18 - 14 = 47 ◎
13 - 22 - 3 = 37 ◎		15 - 8 - 8 - 8 = 39
13 - 22 - 3 = 38 ◎		
13 - 3 - 2 = 18 ◎		
13 - 12 - 4 = 29 ◎		
13 - 8 - 3 = 24 ◎		
13 - 12 - 12 - 11 = 48		
13 - 22 - 2 = 37		

16 - 15 - 17 = 48	17 - 8 - 8 = 33 ◎	18 - 10 - 5 = 33 ◎
16 - 2 - 15 = 33 ◎	17 - 1 - 14 = 32 ◎	18 - 11 - 6 = 35 ◎
16 - 1 - 16 = 33 ◎	17 - 8 - 16 = 41 ◎	18 - 6 - 7 = 31
16 - 1 - 7 = 24 ◎	17 - 7 - 8 = 32	18 - 14 - 15 = 47
16 - 2 - 13 = 31 ◎	17 - 12 - 12 = 41	18 - 11 - 18 = 47 ◎
16 - 2 - 15 = 33 ◎	17 - 15 - 16 = 48	18 - 7 - 6 = 31 ◎
16 - 8 - 15 = 29 ◎	17 - 8 - 8 = 33 ◎	18 - 6 - 7 - 17 = 48
16 - 8 - 7 = 31 ◎	17 - 8 - 7 = 32 ◎	
16 - 8 - 9 = 33	17 - 8 - 8 - 8 = 41	
16 - 8 - 17 = 41		
16 - 9 - 7 = 32 ◎		
16 - 15 - 16 = 47		
16 - 16 - 13 = 45		
16 - 17 - 15 = 48 ◎		
16 - 9 - 8 = 33 ◎		
16 - 7 - 9 = 32 ◎		
16 - 8 - 15 = 39		
16 - 8 - 8 - 9 = 41		

19 - 6 - 10 = 35	20 - 5 - 12 = 37 ○	21 - 2 - 16 = 39 ○
19 - 6 - 12 = 37 ○	20 - 4 - 9 = 33	21 - 4 - 14 = 39 ○
19 - 13 - 16 = 48 ◎	20 - 4 - 11 = 35 ○	21 - 3 - 14 = 38 ○
19 - 2 - 4 = 25 ○	20 - 4 - 13 = 37	21 - 4 - 12 = 37
19 - 5 - 13 = 37	20 - 4 - 21 = 45 ○	21 - 8 - 16 = 45 ○
19 - 12 - 4 = 35 ○	20 - 9 - 9 = 38 ◎	21 - 10 - 14 = 45 ◎
19 - 10 - 19 = 48	20 - 12 - 15 = 47 ○	21 - 17 - 14 = 52
19 - 19 - 10 = 48 ◎	20 - 15 - 17 = 52	21 - 8 - 8 = 37 ○
19 - 13 - 5 = 37	20 - 17 - 15 = 52 ○	21 - 12 - 4 = 37 ◎
19 - 12 - 4 - 13 = 48	20 - 9 - 4 - 4 = 37	21 - 8 - 8 - 8 = 45

22 - 2 - 23 = 47 ◎	23 - 1 - 14 = 38 ◎	24 - 1 - 7 = 32 ◎
22 - 2 - 13 = 37 ◎	23 - 2 - 14 = 39 ◎	24 - 7 - 17 = 48 ◎
22 - 3 - 13 = 38	23 - 6 - 18 = 47	24 - 11 - 13 = 48 ◎
22 - 7 - 9 = 38 ○	23 - 8 - 10 = 41	24 - 14 - 7 = 45
22 - 7 - 16 = 45 ○	23 - 8 - 8 = 39 ○	24 - 9 - 15 = 48
22 - 7 - 9 - 9 = 47	23 - 12 - 12 = 47 ○	24 - 5 - 8 = 37
	23 - 14 - 15 = 52 ○	24 - 17 - 7 = 48 ◎
	23 - 18 - 6 = 47 ◎	24 - 7 - 14 = 45 ◎
	23 - 8 - 8 - 8 = 47	24 - 8 - 5 = 37 ◎
		24 - 8 - 5 - 8 = 45

25 - 4 - 4 = 33 ○

25 - 4 - 12 = 41

25 - 6 - 10 = 41

25 - 8 - 8 = 41 ◎

25 - 12 - 4 = 41 ◎

25 - 10 - 6 = 41 ○

25 - 10 - 6 - 7 = 48

26 - 9 - 6 = 41

26 - 9 - 12 = 47

26 - 12 - 9 = 47 ○

26 - 6 - 9 = 41

26 - 6 - 5 - 11 = 48

27 - 10 - 8 = 45

27 - 11 - 10 = 48

27 - 2 - 4 = 33 ○

27 - 5 - 6 = 38

27 - 14 - 11 = 52

27 - 7 - 18 = 52

27 - 8 - 10 = 45 ◎

27 - 11 - 14 = 52 ◎

27 - 18 - 7 = 52 ◎

27 - 5 - 6 - 10 = 48

28 - 7 - 10 = 45 ◎

28 - 10 - 7 = 45

28 - 9 - 4 = 41

28 - 4 - 9 = 41 ○

28 - 9 - 4 - 7 = 48

29 - 8 - 8 = 45 ◎

29 - 8 - 10 = 47 ◎

29 - 6 - 10 = 45

29 - 10 - 8 = 47 ◎

29 - 10 - 6 = 45

29 - 8 - 8 - 3 = 48

30 - 9 - 8 = 47 ◎

30 - 2 - 9 = 41 ◎

30 - 1 - 16 = 47

30 - 1 - 2 = 33 ◎

30 - 1 - 6 = 37

30 - 1 - 16 = 47

30 - 7 - 8 = 45 ◎

30 - 8 - 9 = 47 ◎

30 - 7 - 11 = 48

30 - 9 - 2 = 41 ◎

30 - 8 - 7 = 45 ◎
30 - 1 - 2 - 5 = 38

31 - 6 - 1 = 38
31 - 6 - 10 = 47 ○
31 - 7 - 10 = 48
31 - 14 - 2 = 47
31 - 14 - 3 = 48 ○
31 - 4 - 4 = 39 ○
31 - 10 - 6 = 47 ○
31 - 2 - 14 = 47 ◎
31 - 3 - 14 = 48
31 - 6 - 7 - 17 = 61

5. 작명하는
방법

```
甲 庚 庚 辛
申 子 子 亥
```

이 사주팔자는 겨울에 태어난 坤命(곤명) 傷官格(상관격)이다. 사주팔자가 꽁꽁 얼어 있다. 게다가 申子合(신자합)이 되어 사주팔자가 더 얼어붙었다. 이 사주팔자는 印星(인성)과 官(관)이 없다. 인성은 土이고 관은 火이다. 관은 배우자이다. 이 사주팔자는 작명에 火土를 적용해야 한다.

火는 꽁꽁 얼어붙은 사주팔자를 녹이는 것이다. 土는 강한 상관인 水를 억제하는 것이다. 火만 강화해도 무난한 이름이다.

이 사주팔자를 가지고 이름을 짓는다.

예시 1 7획 李(이)씨로 작명하기

- 7획 성씨를 보면 길한 조합수리가 배열되어 있다.

  7-9-8

  7-9-9

  7-9-16

  7-8-8

  7-8-9

  7-8-10

  7-8-16

  7-8-17

- 이중에서 7-8-8를 선택했다.

- 이때 이름을 이유담, 이유나, 이유리라고 가정했다.

- 8획에 火나 土가 부여된 유 자를 찾아야 한다.

- 유 자가 결정되면 火나 土가 부여된 8획의 담 자, 나 자, 리 자를 찾아 결정한다.

- 즉 侑(유), 炎(담)과 같은 이름을 정하면 되는 것이다.

- 侑는 8획에 火가 부여된 한자이다.

- 炎도 8획에 火가 부여된 한자이다.

※ 초성음의 상생관계를 고려하여 가운데 자를 결정하고 뒷자리를 나중에 결정짓는 게 편리하다.

예시 2 이름을 먼저 가정하기

- 앞의 사주팔자를 가지고 작명한다.

- 이름은 火가 부여된 炎(담) 자를 적용하여 이담은, 이담아를 가정한다.

- 炎(담) 자는 8획으로, 수리 가운데 숫자가 8로 고정된다.

- 이 경우 아래의 조합수리가 고정된다.

    7-8-8

    7-8-9

    7-8-10

    7-8-16

    7-8-17

- 8획, 9획, 10획, 16획, 17획에 火나 土가 부여된 한자 '은'이나 '아' 자를 쓰면 된다.

- 李炎垠(이담은) 李炎婀(이담아)라고 하는 식이다.

- 垠(은)은 9획에 土이다. 婀(아)는 8획에 土이다.

- 이 씨의 초성음 오행을 火로 하기도 한다.

※ '리'라고 표기하지도 않고 '리'라고 발음하지도 않으면서 초성음 오행을 火라고 하는 것은 불합리하다. 이 씨를 '이'라고 표기하고 '이'라고 발음한다. 이 씨의 초성음 오행은 土로 하는 것이 합리적이다.

예시 3 **正財格**(정재격) **乾命**(건명) 사주팔자

```
己 甲 甲 辛
巳 寅 午 巳
```

이 사주팔자는 삼복더위는 아니어도 여름에 甲木(갑목)으로 태어났다.
寅午合(인오합)을 해 日干(일간) 甲木이 고사 위기에 있다.
甲木을 살리기 위해 水 위주로 작명해야 한다.

- 9획 河씨로 정한다.
- 9획 성씨를 펼친다.

    9-8-7

    9-8-8

    9-8-16

    9-7-16이 있다.

    앞의 **예시 1** , **예시 2** 의 방식으로 작명해도 되지만 어느 정도 익숙해졌을 것
    이다.

    예시 1 , **예시 2** 와 대동소이하다.

- 먼저 이름을 하정운, 하제원, 하정현이라고 가정한다.

    작명하기 전에 말해야 할 것이 있다. 앞에서 水 위주로 작명해야 한다고 했는데 성
    씨 河 자의 오행이 水이다. 때문에 이름자 모두 水를 적용하면 水水水가 되어 불합
    리하다. 이 사주팔자에서 水 다음에 필요한 오행이 金이다. 하나의 金을 적용하면
    金水水가 되어 이상적이다.

- 앞의 조합수리를 아래와 같이 교차해 포괄적으로 작명해도 된다.

    9-8-7

    9-7-8

9-8-8

9-8-16

9-16-8

9-7-16

9-16-7

복잡할 것 같지만 오히려 작명하기 쉽다.

전체에서 획수와 오행이 맞는 적합한 한자를 고르면 된다.

河玎㳄(하정운)
玎은 7획에 오행이 金이다.
㳄은 8획에 오행이 水이다.
수리는 9-7-8이다.

河諸沅(하제원)
諸는 16획에 오행이 金이다.
沅는 16획에 오행이 水이다.
수리는 9-16-8이다.

河玎呟(하정현)
玎은 7획에 오행이 金이다.
呟은 8획에 오행이 水이다.
수리는 9-7-8이다.

6. 상호, 회사명, 단체명, 상품명, 아호 등의 작명기준

상호나 회사명, 단체명은 100년, 200년 그 이상도 유지할 수도 있으므로 성명과는 다소 다르나 대표자의 先天命(선천명, 사주팔자)과 부합되게 해야 한다. 주의해야 할 것은 그 업체가 무엇인가에 따라 적합하게 해야 한다.

상품명은 선천명까지 대입할 필요는 없다. 상품과 조화를 이루며 소비자에게 가까이 다가갈 수 있는 상품명이면 좋다. 예를 들면 아모레퍼시픽 '雪花秀(설화수)'가 있다. 화장품 브랜드이다. 화장품에 눈꽃이라는 맑고 깨끗한 이미지를 주고 있다. 아주 좋은 상품명이다.

요즘은 사용하는 사람이 많지 않으나 아호를 가지기도 한다. 아호도 선천명과 부합되게 지어야 하지만 아호는 그 사람의 성향과 성품, 인품 등을 고려해야 한다. 사용하고 있는 이름이 좋은 이름이 아닐 때 이름보다 좋은 아호를 사용하는 것이 이상적이다.

7. 성씨 획수별
조합수리

2획 성씨

丁	정	火
卜	복	火
乂	예	金
乃	내	金
入	입	木
又	우	水

길한 조합 수리

2-11-4	2-13-3
2-11-5	2-13-16

竟	梛	捏	訥	啖	袒	埮	袋	荋	聆
경	나	날	눌	담	단	담	대	동	령/영
金	木	木	金	水	木	土	木	木	火

累	婁	离	浬	苔	常	商	祥	敍	偣
루	루	리	리	태	상	상	상	서	서
木	土	火	水	木	木	水	土	金	火

旋	絀	偰	彫	焩	紹	捎	率	售	頂
선	설	설	조	경	소	소	솔	수	정
水	木	火	火	火	木	木	火	水	火

胙	曹	珠	組	聿	釣	絅	借	彩	釵
조	조	주	조	진	조	경	차	채	채
水	土	金	木	金	金	木	火	火	金

婇	寀	玼	健	苕	淫	眺	捐	涓	研
채	채	체	건	초	경	조	연	연	연
土	木	金	火	木	水	木	木	水	金

晤	英	迎	梧	釫	苑	訢	偕	彗	晧
오	영	영	오	우	원	은	해	혜	호
火	木	土	木	金	木	金	火	火	火

啊	迓	梡	浣	婭	晩	苩	胤	珤	珽
아	아	완	완	아	만	백	윤	보	보
水	土	木	水	土	火	木	水	金	金

彬	貨	烯	乾	茛	苛	笳	茄	頃	埰
빈	화	희	건	민	가	가	가	경	채
火	金	火	金	木	木	木	木	火	土

梳	晝	絑	鈔
소	주	주	초
木	火	木	金

마지막 자(4획)

井	中	支	之	少	升	止	丹	斗	內
정	중	지	지	소	승	지	단	두	내
水	土	土	土	水	木	土	火	火	木

太	牙	円	才	曰	元	引	仁	壬	兮
태	아	엔	재	왈	원	인	인	임	혜
木	金	土	木	火	木	火	火	水	金

云	日	火	化	木	比	文	反
운	일	화	화	목	비	문	반
水	火	火	火	木	火	木	水

마지막 자(5획)

生	石	右	仙	厼	世	召	田	正	主
생	석	우	선	선	세	소	전	정	주
木	金	水	火	火	火	水	土	土	木

仝	申	只	札	仟	可	永	代	冬	令
동	신	지	찰	천	가	승	대	동	령/영
火	金	水	木	火	水	木	火	水	火

立	旦	玉	王	由	玄	乎	弘	央	禾
립	단	옥	왕	유	현	호	홍	앙	화
金	火	金	金	木	火	金	土	土	木

戊	未	白	民	巨	去	甘	甲	庀	以
무	미	백	민	거	거	감	갑	비	이
土	木	金	火	火	火	土	木	木	火

必
필
火

誧	碓	鈴	硛	裏	塌	榬	衙	阿	瑉
나	대	령/영	림	리	탑	원	아	아	민
金	金	金	金	木	土	木	火	土	金

瑛	芛	湘	塞	筮	湑	揟	暑	詵	撲
영	윤	상	새	서	서	서	서	선	설
金	木	水	土	木	水	木	火	金	木

聖	筬	塍	徭	勢	嗉	塐	溨	詮	軘
성	성	승	요	세	소	소	재	전	전
火	木	土	火	金	水	土	水	金	火

鉦	稠	愚	惲	韵	誂	鉒	邾	誅	湕
정	조	우	운	운	조	주	주	주	건
金	木	火	火	金	金	金	土	金	水

靖	琗	楚	瑉	琵	湲	瑈	愈	鈼	鈱
진	채	초	민	비	원	유	유	별	민
木	金	木	金	金	水	金	火	木	金

睥	暇	絸	傾	湎	楙	鴌	聞	煆	傒
비	가	경	경	면	무	윤	하	하	혜
木	火	木	火	水	木	水	木	火	火

解	楷	塤	暄	揮	暉	鉍
해	해	훈	훤	휘	휘	필
木	木	土	火	木	火	金

마지막 자(3획)

上	子	大	于	也	口	己	女	山	小
상	자	대	우	야	구	기	녀/여	산	소
木	水	木	木	水	水	土	水	土	水

下
하
火

마지막 자(16획)

頲	諸	陳	諟	諦	樵	敾	錭	樹	穌
정	제	진	체	제	초	선	조	수	소
火	金	土	金	金	木	金	金	木	木

篪	陹	曄	錟	曈	龍	褸	璃	霖	橉
지	승	엽	담	동	룡	루	리	림	린
木	土	火	金	火	土	木	金	水	木

撚	鋺	潤	億	學	橴	遐	嗎	嶰	廨
린	원	윤	은	학	윤	하	하	해	해
木	金	水	火	水	木	土	水	土	木

樺	誼	諱	橲	潣	薦	諲	燕	潭	閻
화	훤	휘	희	민	비	인	연	담	염
木	金	金	木	水	木	金	火	水	木

暉	椵	澕	褧	曔	橄	璄	暻
운	하	화	경	경	경	경	경
金	火	水	木	火	木	金	火

3획 성씨

千	천	火
于	우	水
大	대	木
凡	범	水
弓	궁	火
干	간	木
山	산	土

길한 조합 수리

3-8-10	3-8-13

奈	枏	妞	呢	炎	岱	垈	東	枓	抖
나	뉴/유	뉴/유	니	담	대	대	동	두	두
火	木	火	水	火	土	土	木	木	木

來	兩	吟	金	坷	炅	呵	佳	京	姈
래	량	금	금	가	경	가	가	경	령/영
木	土	火	金	土	火	水	火	土	土

庚	呤	岺	坽	侖	林	岦	汏	松	受
경	령/영	령/영	령/영	륜/윤	림	립	태	송	수
金	水	土	土	火	木	土	水	木	水

昇	岙	尙	所	侳	典	政	定	姃	找
승	승	상	소	전	전	정	정	정	조
火	土	金	木	火	金	火	木	土	木

沚	靑	峁	抄	取	命	明	武	味	昊
지	청	초	초	취	명	명	무	미	호
水	木	土	木	木	水	火	金	水	火

宝	沘	枇	非	沔	乶	汶	炆	扲	門
보	비	비	비	면	볼	문	문	문	문
金	水	木	水	水	木	水	火	木	木

岷	步	娿	枒	亞	妸	岸	忨	旰	盂
민	보	아	아	아	아	안	완	우	우
土	土	土	木	火	土	土	火	木	金

昂	艾	奄	兗	旿	杬	沄	沅	侑	臾
앙	예	엄	연	오	완	운	원	유	유
火	木	水	土	火	木	水	水	火	土

沇	隶	学	咍	享	呟	呼	和	効	姁
윤	이	학	해	향	현	호	화	효	후
水	水	水	水	土	水	水	水	土	土

昍	欣	炘	昕	枚	采	佰
훤	흔	흔	흔	매	미	백
火	火	火	火	木	土	火

마지막 자(10획)

徐	洗	洒	笑	素	洙	修	殊	乘	時
서	선	세	소	소	수	수	수	승	시
火	水	水	木	木	水	火	水	火	火

栽	栓	釘	庭	曹	租	拵	倧	洲	隼
재	전	정	정	조	조	존	종	주	준
木	木	金	木	土	木	木	火	水	火

祗	芝	砥	舸	芷	秖	眞	珍	晋	晉
지	지	지	지	지	지	진	진	진	진
木	木	金	土	木	木	木	金	火	火

秒	晁	厝	娜	拿	挐	紐	祢	爹	珆
초	조	조	나	나	나	뉴/유	니	다	태
金	火	金	土	木	水	木	木	木	金

耽	倓	玳	玲	倫	栗	哩	娥	哦	恩
탐	담	대	령/영	륜/윤	률/율	리	아	아	은
火	火	金	金	火	木	水	土	水	火

浪	圌	崟	夏	晑	們	紋	籹	珉	娹
은	은	은	하	향	문	문	미	민	현
水	水	金	火	火	火	木	金	金	土

埉	芦	洪	俰	紕	效	候	肥	粃	唏
협	호	홍	화	비	효	후	비	비	희
土	木	水	火	木	金	火	水	木	水

珂	哥	耕	勍	峺	倞	虔	衾	芩	笒
가	가	경	경	경	경	건	금	금	금
金	水	土	金	土	火	木	木	木	木

衍	祐	員	原	柚	芽
연	우	운	원	유	아
水	金	水	土	木	土

마지막 자(13획)

詳	撰	聖	蒇	塛	嗉	窣	塒	湽	傮
상	설	성	성	소	소	솔	시	재	조
金	木	火	木	土	水	水	土	水	火

鉒	粲	琗	朕	燃	楚	稠	楥	逎	塌
주	찬	채	승	초	초	조	원	내	탑
金	木	金	土	火	木	木	木	土	土

塔	湍	煓	痳	阿	逅	瑛	徭	惲	韵
탑	단	단	림	아	후	영	요	운	운
土	水	火	金	土	土	金	火	火	金

衙	愈	斎	筠	閏	建	問	廈	荷	解
아	유	윤	윤	윤	율	하	하	하	해
火	火	水	木	火	土	木	木	木	木

瑉	莂	釛	暋	傒	瑈	鈱	深	塤	暄
민	별	별	민	혜	민	민	보	훈	훤
金	木	木	火	火	金	金	水	土	火

煊	揮	暉	煇	煒	賈	經	傾	綆
훤	휘	휘	휘	휘	가	경	경	경
火	木	火	火	火	金	木	火	木

4획 성씨

介	개	火
公	공	金
毛	모	火
孔	공	金
卞	변	土
夫	부	木
水	수	水
元	원	木
尹	윤	水
太	태	木
巴	파	土
片	편	木
天	천	火
化	화	火
今	금	火
文	문	木
木	목	木

方	방	土
允	윤	土
午	오	火
仁	인	火
才	재	木

길한 조합 수리

4-12-9	4-12-13	

두 번째 자(12획)

煐	暎	琞	琬	阮	堯	寓	雲	絳	釉
영	영	오	완	원	요	우	운	강	유
火	火	金	金	土	土	木	水	木	金

惟	閏	銃	阭	貳	胴	貽	賀	厦	絢
유	윤	윤	윤	이	이	이	하	하	현
火	火	金	土	金	水	金	金	土	木

睍	琄	惠	傒	皓	淏	畵	勛	欻	悶
현	현	혜	혜	호	호	화	훈	훌	민
木	金	火	火	金	水	木	火	金	火

喧	稀	閔	勛	堡	淝	雯	普	街	景
훤	희	민	별	보	비	문	보	가	경
水	木	木	土	土	水	水	火	土	火

迦	硬	軻	訶	羡	壹	厦	喉	堠	喉
가	경	가	가	이	일	하	후	후	후
土	金	火	金	土	木	土	水	土	水

雅	峨	椏	硯	漢	竣	智	軫	診	採
아	아	아	연	영	준	지	진	진	채
火	金	木	金	火	土	火	火	金	木

清	替	晴	朝	詔	毯	推	草	超	硝
청	체	청	조	조	담	추	초	초	초
水	火	火	水	金	火	木	木	火	金

迢	誃	脝	捏	焾	茶	荼	單	淡	覃
초	나	나	날	념	다	다	단	담	담
土	木	水	木	火	木	木	水	水	金

棹	稌	胴	苘	阧	等	惏	琅	淪	犁
도	도	동	동	두	등	림	랑	륜/윤	리
木	木	水	木	土	木	火	金	水	土

粦	淋	琳	棽	跆	迨	鈦	媛	註	勝
린	림	림	림	태	태	태	원	주	승
木	水	火	木	土	土	金	土	金	土

舒	廂	筅	珵	珽	淀	晶	絑
서	상	선	정	정	정	정	주
火	木	木	金	金	水	火	木

마지막 자(9획)

砑	俄	彦	兗	标	映	勇	禹	芋	垣
아	아	언	연	영	영	용	우	우	원
金	火	火	土	木	火	土	土	木	土

爰	宥	柚	玧	垠	姻	河	昰	枛	歌
원	유	유	윤	은	인	하	하	하	하
木	木	木	金	土	土	水	火	木	金

孩	香	眩	炫	倪	苧	泓	虹	奐	厚
해	향	현	현	현	호	홍	홍	환	후
水	木	火	火	火	木	水	水	木	土

侯	厚	俙	咥	玫	面	玟	炦	毗	毘
후	후	희	희	매	면	민	별	비	비
火	土	火	水	金	火	金	火	火	火

帝	契	星	沼	招	帥	乫	首	前	貞
제	설	성	소	소	솔	솔	수	전	정
木	木	火	水	木	木	木	水	金	金

忯	昭	炷	姝	奈	耐	泥	段	抬	泠
정	조	주	주	나	내	니	단	대	령/영
火	火	火	土	木	水	水	金	木	水

怜	柳	俚	美	敃	砇	柯	枷
령/영	류/유	리	미	민	민	가	가
火	木	火	土	金	金	木	木

마지막 자(13획)

阿	衙	瑛	徭	惲	韵	楥	湲	愉	琝
아	아	영	요	운	운	원	원	유	유
土	火	金	火	火	金	木	水	火	金

愈	荺	閏	塍	閜	煆	荷	楷	該	徯
유	윤	윤	승	하	하	하	해	해	혜
火	木	火	土	木	火	木	木	金	火

話	塤	暄	煊	煇	煒	馠	琵	鉍	渽
화	훈	훤	훤	휘	휘	별	비	필	재
金	土	火	火	火	火	木	金	金	水

塞	署	勢	歲	塒	鈿	鉦	琱	稠	琮
새	서	세	세	시	전	정	조	조	종
土	火	金	火	土	金	金	金	木	金

煓	湛	碓	裏	剐	暋	忞	琴	經	捷
단	담	대	리	별	민	민	금	경	건
火	水	金	木	木	火	火	金	木	木

楗	莖
건	경
木	木

5획 성씨

功	공	木
召	소	水
台	태	水
弘	홍	土
玄	현	火
甘	감	土
白	백	金
史	사	水
石	석	金
申	신	金
王	왕	金
田	전	土
占	점	火
平	평	木
皮	피	金
包	포	金
玉	옥	金

길한 조합 수리

5-10-8	5-8-8
5-8-10	5-8-16

두 번째 자(10획)

芽	娥	峨	哦	峩	笌	衍	祐	員	笎
아	아	아	아	아	아	연	우	운	원
木	土	土	水	土	木	水	金	水	木

芫	秞	恩	圂	垽	誾	浪	夏	晐	曏
원	유	은	은	은	은	하	해	향	
木	木	火	水	土	金	水	火	火	火

娹	芦	花	俰	效	洑	烜	珈	珂	倞
현	호	화	화	효	보	훤	가	가	경
土	木	木	火	金	水	火	金	金	火

耕	耿	哿	虔	衾	芩	笒	笑	洗	閃
경	경	가	건	금	금	금	소	세	섬
土	火	水	木	木	木	木	木	水	木

晋	晉	峻	准	剡	修	乘	宰	庭	釘
진	진	준	준	섬	수	승	재	정	정
火	火	土	水	金	火	火	木	木	金

洲	曺	厝	倧	酎	站	眞	埈	珍	倉
주	조	조	종	주	참	진	준	진	창
水	土	金	火	金	金	木	土	金	火

挐	紐	袓	祢	倓	桃	烔	砢	玲	栗
나	뉴/유	뉴/유	니	담	도	동	라	령/영	률/율
水	木	木	木	火	木	火	金	金	木

託	耽	珆
탁	탐	태
金	火	金

마지막 자(8획)

沅	杬	宛	亞	沄	明	臾	妸	金	効
원	원	원	아	운	명	유	아	금	효
水	木	木	火	水	火	土	土	金	土

妿	奄	兖	咏	枙	忨	盂	旴	姁	侑
아	엄	연	영	와	완	우	우	후	유
土	水	土	水	木	火	金	木	土	火

昀	沇	坷	享	呟	奈	杻	忸	呢	岱
윤	윤	가	향	현	나	뉴/유	뉴/유	니	대
火	水	土	土	水	火	木	火	水	土

坮	侗	枓	抖	來	兩	坽	呤	林	非
대	동	두	두	래	량/양	령/영	령/영	림	비
土	火	木	木	木	土	土	水	木	水

命	武	呩	弥	宝	乶	佳	庚	呵	受
명	무	미	미	보	볼	가	경	가	수
水	金	水	金	金	木	火	金	水	水

所	抒	尙	宙	沚	知	長	采	昌	宗
소	서	상	주	지	지	장	채	창	종
木	木	金	木	水	土	木	木	火	木

政	定	典	取	杪	岢	炎	承	昇	岙
정	정	전	취	초	초	담	승	승	승
火	木	金	木	木	土	火	木	火	土

汰	沔	泌	枇	京	炅	岝	沈
태	면	비	비	경	경	작	심
水	水	水	木	土	火	土	水

두 번째 자(8획)

沇	坷	享	呟	呟	奈	枏	忸	呢	炎
윤	가	향	현	현	나	뉴/유	뉴/유	니	담
水	土	土	水	土	火	木	火	水	火

承	昇	丞	岱	垈	東	侗	枓	抖	來
승	승	승	대	대	동	동	두	두	래
火	火	土	土	土	木	火	木	木	木

兩	坽	呤	林	汰	沔	沘	枇	非	命
량/영	령/영	령/영	림	태	면	비	비	비	명
土	土	水	木	水	水	水	木	水	水

明	武	味	弥	宝	勇	佳	庚	京	炅
명	무	미	미	보	볼	가	경	경	경
火	金	水	金	金	木	火	金	土	火

呵	受	所	抒	尙	宙	沚	知	長	岝
가	수	소	서	상	주	지	지	장	작
水	水	木	木	金	木	水	土	木	土

沈	盂	采	昌	宗	政	典	取	杪	峀
심	우	채	창	종	정	전	취	초	초
水	金	木	火	木	火	金	木	木	土

旴	沄	沅	姁	忨	抏	杬	妸	効	妿
우	운	원	후	완	완	원	아	효	아
木	水	水	土	火	木	木	土	土	土

奄	兗	咏	侑	咍	亞	臾	宛	雨	姈
엄	연	영	유	해	아	유	원	우	태
水	土	水	火	水	火	土	木	水	水

侖
륜/윤

火

마지막 자(8획)

侑	咍	亞	明	臾	宛	沅	承	妸	効
유	해	아	명	유	원	원	승	아	효
火	水	火	火	土	木	水	木	土	土

娿	奄	兖	咏	艾	枙	杬	抏	忨	盂
아	엄	연	영	예	와	원	완	완	우
土	水	土	水	木	木	木	木	火	金

盱	沄	姁	昀	沇	昇	歪	享	呟	玹
우	운	후	윤	윤	승	승	향	현	현
木	水	土	火	水	火	土	土	水	土

奈	杻	妞	呢	侗	枓	來	兩	吟	岭
나	뉴/유	뉴/유	니	동	두	래	량	령/영	령/영
火	木	火	水	火	木	木	土	水	土

侖	林	所	松	典	佺	政	定	姃	征
륜/윤	림	소	송	전	전	정	정	정	정
火	木	木	木	金	火	火	木	土	火

找	徂	佻	宗	宙	妵	沚	泜	坁	采
조	조	조	종	주	주	지	지	지	채
木	火	火	木	木	土	水	水	土	木

青	岹	杪	抄	炊	沔	命	武	味	受
청	초	초	초	취	면	명	무	미	수
木	土	木	木	火	水	水	金	水	水

罙	汶	炆	岷	忞	旻	旼	宝	步	曼
미	문	문	민	민	민	민	보	보	볼
土	水	火	土	火	火	火	金	土	木

非	枇	沘	佳	呵	坷	京	炅	庚	金
비	비	비	가	가	가	경	경	경	금
水	木	水	火	水	土	土	火	金	金

昑
금
火

마지막 자(10획)

恩	殷	浪	洹	乘	芦	俰	效	祐	芽
은	은	은	원	승	호	화	효	우	아
火	金	水	水	火	木	火	金	金	木

娥	嵯	衍	候	容	員	紜	芫	原	夏
아	아	연	후	용	원	운	원	원	하
土	土	水	火	木	水	木	木	土	火

娜	挐	挐	紐	唏	烜	爹	倓	玳	晁
나	나	나	뉴/유	희	훤	다	담	대	조
土	水	水	木	水	火	木	火	金	火

倒	凍	烔	玲	秤	倫	珆	芧	洗	剡
도	동	동	령/영	령/영	륜/윤	태	서	선	섬
火	水	火	金	木	火	金	木	水	金

閃	厝	笑	殊	修	乘	釘	庭	曹	拵
섬	조	소	수	수	승	정	정	조	존
木	金	木	水	火	火	金	木	土	木

栓	拵	倧	厝	租	株	隼	秪	芝	砥
전	존	종	조	조	주	준	지	지	지
木	木	火	金	木	木	火	木	木	金

砢	洔	芷	指	持	眞	珍	秦	晉	晉
지	지	지	지	지	진	진	진	진	진
土	水	木	木	木	木	金	木	火	火

倉	淸	秒	紊	紋	們	珉	哥	珂	倞
창	청	초	문	문	문	민	가	가	경
火	水	木	木	木	火	金	水	金	火

耿	耕	哽	峺	虔	笒	芩	䄂
경	경	경	경	건	금	금	유
火	土	水	土	木	木	木	木

마지막 자(16획)

樺	諱	憘	錂	遊	橺	燏	潏	潤	遐
화	휘	희	원	유	윤	율	율	윤	하
木	金	木	金	土	木	火	水	水	土

蓖	誼	諧	廩	錟	褸	廩	璃	燐	橉
비	훤	해	해	담	루	름	리	린	린
木	金	金	木	金	木	木	金	火	木

霖	敾	陳	諟	潣	醒	頳
림	선	진	체/시	민	성	정
水	金	土	金	水	金	火

6획 성씨

后	후	水
汁	즙	水
朱	주	木
曲	곡	土
米	미	木
朴	박	木
冰	빙	水
西	서	金
安	안	木
宇	우	木
伊	이	火
全	전	土
先	선	木
印	인	木
在	재	土

길한 조합 수리

6-10-1	6-10-5
6-10-7	6-10-15
6-10-19	6-11-7
6-11-12	

두 번째 자(10획)

芽	俺	衍	峨	峩	哦	祐	員	紬	埄
아	엄	연	아	아	아	우	운	유	은
木	火	水	土	土	水	金	水	木	土

浪	恩	殷	圓	夏	晐	晑	娊	芦	花
은	은	은	은	하	해	상	현	호	화
水	火	金	水	火	火	火	土	木	木

俰	效	候	烜	唏	乘	唔	娛	垸	埇
화	효	후	훤	희	승	오	오	완	용
火	金	火	火	水	火	水	土	土	土

訌	晁	厝	祚	籹	肥	紋	們	珉	哿
홍	조	조	조	미	비	문	문	민	가
金	火	金	金	金	水	木	火	金	水

珂	哥	衿	芩	苓	虔	峴	勁	耕	耿
가	가	금	금	금	건	경	경	경	경
金	水	木	木	木	木	土	金	土	火

洗	袥	栖	閃	城	帨	笑	殊	修	宰
선	석	서	섬	성	세	소	수	수	재
水	木	木	木	土	木	木	水	火	木

栓	洙	旺	曹	租	株	洲	隼	矧	芝
전	수	정	조	조	주	주	준	지	지
木	水	木	土	木	木	水	火	土	木

砥	祇	洔	芷	眞	珍	晋	晉	倉	淸
자	지	지	지	진	진	진	진	창	청
金	木	水	木	木	金	火	火	火	水

秒	致	倫	娜	拿	紐	祢	倓	倒	烔
초	치	륜/윤	나	나	뉴/유	니	담	도	동
木	土	火	土	水	木	木	火	火	火

凍	玲	珆
동	령/영	태
水	金	金

마지막 자(1획)

一	乙
일	을
木	木

마지막 자(5획)

禾	右	永	用	由	仞	玄	弘	皿	戊
화	우	영	용	유	인	현	홍	명	무
木	水	水	水	木	火	火	土	金	土

未	民	半	白	本	庀	世	召	承	主
미	민	반	백	본	비	세	소	승	주
木	火	土	金	木	木	火	水	木	木

田	叮	只	扎	代	冬	令	另	台	可
전	정	지	찰	대	동	령/영	령/영	태	가
土	水	水	木	火	水	火	水	水	水

加	巨	去	甘	甲	玉	央	申	仙	以
가	거	거	감	갑	옥	앙	신	선	이
水	火	水	土	木	金	土	金	火	火

必	仝
필	동
火	火

마지막 자(7획)

我	亜	冶	言	余	延	姸	吾	汙	完
아	아	야	언	여	연	연	오	오	완
金	火	水	金	火	木	土	水	水	木

序	杅	会	佑	旴	攸	圻	李	忍	佚
서	우	운	우	우	유	은	리/이	인	일
木	木	木	火	火	金	土	木	火	火

劦	何	呀	汗	忓	見	亨	希	每	免
일	하	하	한	한	현	형	희	매	면
土	火	火	水	火	火	土	木	土	木

坊	步	甫	庇	伾	杓	成	邵	劭	秀
방	보	보	비	배	표	성	소	소	수
土	土	水	木	火	木	火	火	木	木

走	扗	吮	廷	佃	皁	址	志	池	吱
주	재	전	정	전	조	지	지	지	지
土	木	水	木	火	水	土	火	水	水

辰	坻	初	汰	彤	豆	杜	来	良	伶
진	지	초	대	동	두	두	래	랑/양	령/영
土	土	金	水	火	木	木	木	土	火

里	吝	呑	兌	妗	更	问	扜	听	住
리	린	탄	태	금	경	경	우	은	주
土	水	水	金	土	金	火	木	水	火

마지막 자(15획)

緣	瑩	耦	院	糅	鋆	誾	瑿	餉	慧
연	영	우	원	유	윤	은	은	향	혜
木	金	金	土	木	金	金	金	水	火

暳	嬅	嘩	萱	輝	滵	渾	陞	陝	緹
혜	화	화	훤	휘	밀	필	승	섬	제
火	土	水	木	火	水	水	土	土	木

漕	槽	鋕	漬	瑱	蔕	逮	郯	談	儋
조	조	지	지	진	체	체	담	담	담
水	木	金	水	金	木	土	土	金	火

噉	墰	漏	懰	凜	摛	獜	嶙	價	嶔
담	담	루	루	름	리	린	린	가	금
水	土	水	火	水	木	土	土	火	土

頲	腱	滰
경	건	건
火	水	水

마지막 자(19획)

讚
하
金

두 번째 자(11획)

迓	啊	婭	紹	率	袖	執	彩	婇	玼
아	아	아	소	솔	수	집	채	채	체
土	水	土	木	木	木	土	火	土	金

苠	珤	珽	淫	焑	英	梧	偶	胤	訢
민	보	보	경	경	영	오	우	윤	은
木	金	金	水	火	木	木	火	水	金

偕	彗	貨	絀	笹	桯	停	曹	胙	從
해	혜	화	설	세	정	정	조	조	종
火	火	金	木	木	木	火	土	水	火

紬	珠	焌	茁	寀	砦	釵	苔	笞	梢
주	주	준	줄	채	채	채	태	태	초
木	金	火	木	木	金	金	木	木	木

釥	梛	捏	袓	啖	埮	聆	累	嶁	棐
초	나	날	단	담	담	령/영	루	루	비
金	木	木	木	水	土	火	木	土	木

敏	梶	苛	笧	假	茄	梗	健
민	미	가	가	가	가	경	건
金	木	木	木	火	木	木	火

마지막 자(7획)

序	汐	成	邵	劭	宋	秀	汙	扗	低
서	석	성	소	소	송	수	수	재	저
木	水	火	火	木	木	木	水	木	火

佇	廷	玎	町	皁	走	志	池	址	坻
저	정	정	정	조	주	지	지	지	지
火	木	金	土	水	火	火	水	土	土

辰	車	初	我	亞	言	妍	吾	吳	甬
진	차	초	아	아	언	연	오	오	용
土	火	金	金	火	金	土	水	水	水

杅	夽	忈	何	見	夾	亨	希	汏	彤
우	운	인	하	현	협	형	희	대	동
木	木	火	火	火	木	土	木	水	火

豆	良	伶	利	李	庇	甫	兌	步	更
두	량	령/영	리	리	비	보	태	보	경
木	土	火	金	木	木	水	金	土	金

巠	冏	妗	圻	材	听	呀	佃	罕	攸
경	경	금	은	재	은	하	전	한	유
火	火	土	土	木	水	水	火	木	金

佑	延	冶	児	伯	里	但
우	연	야	아	백	리	단
火	木	水	水	火	土	火

마지막 자(12획)

琁	稅	貰	邵	酥	訴	琇	載	軨	荃
선	세	세	소	소	소	수	재	진	전
金	木	金	土	金	金	金	土	火	木

証	済	尊	淙	悰	註	絑	竣	智	診
정	제	존	종	종	주	주	준	지	진
金	水	木	水	火	金	木	土	火	金

趁	朕	採	綵	淸	棣	硝	迢	超	椏
진	짐	채	채	청	체	초	초	초	아
火	水	木	木	水	木	金	土	火	木

峨	硪	雅	漢	煐	淡	堯	寓	雲	媛
아	아	아	영	영	담	요	우	운	원
金	金	火	水	火	水	木	木	水	土

阮	喉	釉	惟	鈗	阭	閏	美	貽	壹
원	후	유	유	윤	윤	윤	이	이	일
土	水	金	火	金	土	火	土	金	木

厦	睍	惠	傒	皓	淏	畫	勛	喧	稀
하	현	혜	혜	호	호	화	훈	훤	희
土	木	火	火	金	水	木	火	水	木

挪	胕	捏	喇	鈕	單	毯	覃	噡	棟
나	나	날	라	뉴/유	단	담	딤	담	동
木	水	木	水	金	水	火	金	水	木

胴	童	淶	琉	淪	掄	犁	淋	棽	琳
동	동	래	류/유	륜/윤	륜/윤	리	림	림	림
水	金	水	金	水	木	土	水	木	火

鏻	閔	堡	跆	邰	迨	勛	普	訶	街
린	민	보	태	태	태	별	보	가	가
木	木	土	土	土	土	土	火	金	土

迦	景	硬	軻
가	경	경	가
土	火	金	火

君	군	水
杜	두	木
呂	려	水
宋	송	木
成	성	火
辛	신	金
余	여	火
汝	여	水
延	연	木
李	이	木
池	지	水
初	초	金
吳	오	水

길한 조합 수리

7-9-8	7-9-9(음양불균형)	7-9-16
7-8-8	7-8-9	7-8-10
7-8-16	7-8-17	

契	星	柖	昭	帅	帥	乷	宣	沼	前
설	성	소	소	솔	수	솔	선	소	전
木	火	木	火	木	木	木	木	水	金

祉	秒	面	美	敃	砇	毗	柯	砒	毘
지	초	면	미	민	민	비	가	비	비
木	木	火	土	金	金	火	木	金	火

俞	宥	叙	炤	畑	炦	泉	昶	貞	炡
유	유	서	소	전	별	천	창	정	정
土	木	金	火	火	火	水	火	金	火

帝	奏	柱	招	俏	砌	昣	炷	拄	枳
제	주	주	초	초	체	진	주	주	지
木	木	木	木	火	金	火	火	木	木

抵	泜	俚	玲	眈	泰	奈	拏	柅	畊
지	지	리	림	탐	태	나	나	니	경
木	水	火	金	木	水	木	水	木	土

京	枷	建	妍	兗	映	柃	禹	泳	垣
경	가	건	연	연	영	영	우	영	원
土	木	木	土	土	火	木	土	水	土

爰	貟	柚	玧	垠	昰	垓	孩	香	倪
원	원	유	윤	은	하	해	해	향	현
木	金	木	金	土	火	土	水	木	火

泓	虹	厚	侯	垕	喙	俙	待	南	耐
홍	홍	후	후	후	훼	희	대	남	내
水	水	土	火	土	木	火	火	火	水

泥	段	昤	柳
니	단	령/영	류/유
水	金	火	木

마지막 자(8획)

政	尙	所	松	受	昇	承	乖	佺	姃
정	상	소	송	수	승	승	승	전	정
火	金	木	木	水	火	木	土	火	土

宗	宙	周	侏	知	沚	构	亞	采	靑
종	주	주	주	지	지	진	아	채	청
木	木	水	火	土	水	木	火	木	木

岹	取	呵	佻	找	奈	杻	忸	呢	炎
초	취	가	조	조	나	뉴/유	뉴/유	니	담
土	木	水	火	木	火	木	火	水	火

垈	呟	東	侗	來	兩	呤	林	庚	京
대	현	동	동	래	량	령/영	림	경	경
土	水	木	火	木	土	水	木	金	土

炅	佳	坷	枒	妸	岸	昂	兗	盂	侑
경	가	가	아	아	안	앙	연	우	유
火	火	土	木	土	土	火	土	金	火

旰	咍	呟	呼	昊	和	効	昍	沔	命
우	해	현	호	호	화	효	훤	면	명
木	水	土	水	火	水	土	火	水	水

武	汶	炆	味	旻	旼	忞	宝	步	岦
무	문	문	미	민	민	민	보	보	립
金	水	火	水	火	火	火	金	土	土

曹	非	泚	姁
볼	비	비	후
木	水	水	土

마지막 자(9획)

宣	契	星	招	昭	帥	帥	乭	前	帝
신	설	성	소	소	솔	수	솔	전	제
木	木	火	木	火	木	木	木	金	木

祉	秒	沼	炤	柯	奈	挐	南	耐	泥
지	초	소	소	가	나	나	남	내	니
木	木	水	火	木	木	水	火	水	水

柅	厚	段	段	待	泠	面	柳	玲	悧
니	후	단	단	대	령/영	면	류/유	림	리
木	土	金	金	火	水	火	木	金	火

建	柯	京	砑	俄	兗	映	栐	泳	禹
건	가	경	아	아	연	영	영	영	우
木	木	土	金	火	土	火	木	水	土

泳	垣	爰	貟	柚	玧	垠	昰	垓	孩
영	원	원	원	유	윤	은	하	해	해
水	土	木	金	木	金	土	火	土	水

香	倪	泓	虹	厚	侯	垕	嵓	俙	垠
향	현	홍	홍	후	후	후	훼	희	은
木	火	水	水	土	火	土	木	火	土

眩	炫	苄	咥	面	美	啟	砇	炦	玲
현	현	호	희	면	미	민	민	별	림
火	火	木	水	火	土	金	金	火	金

眈	泰	俐	泥	柅	毗	泌
탐	태	리	니	니	비	비
木	水	火	水	木	火	水

마지막 자(16획)

諸	銶	錯	諟	階	陳	獒	璑	儓	銓
제	창	착	체/시	승	진	경	소	은	전
金	金	金	金	土	土	木	金	火	金

錟	潭	錏	諱	澕	燕	樵	檍	豫	暉
담	담	아	휘	화	연	초	희	예	운
金	水	金	金	水	火	木	木	水	金

錈	潤	橍	燏	潏	逇	赮	嗬	諧	嶰
원	윤	윤	율	율	하	하	하	해	해
金	水	木	火	水	土	火	水	金	土

廨	樺	勳	踺	黅	諠	諼	暻	橥	橄
해	화	훈	건	금	훤	훤	경	경	경
木	木	火	土	土	金	金	火	木	木

褧	潣
경	민
木	水

門	旼	旻	岷	忞	甍	坷	呵	京	庚
문	민	민	민	민	볼	가	가	경	경
木	火	火	土	火	木	土	水	土	金

炅	金	找	枕	昂	杵	政	定	佻	宗
경	금	조	침	앙	저	정	정	조	종
火	金	木	木	火	木	火	木	火	木

宙	周	沚	坻	泜	侄	采	知	岧	沈
주	주	지	지	지	질	채	지	초	침
木	水	水	土	水	火	木	土	土	水

兖	奈	杻	忸	呢	炎	坮	岱	東	來
연	나	뉴/유	뉴/유	니	담	대	대	동	래
土	火	木	火	水	火	土	土	木	木

侖	尚	构	松	受	昇	承	峬	妸	亞
륜/윤	상	진	송	수	승	승	승	아	아
火	金	木	木	水	火	木	土	土	火

臾	昀	学	呟	昊	易	忨	杬	盱	沅
유	윤	학	현	호	이	완	완	우	원
土	火	水	水	火	火	火	木	木	水

杬	侑	沇	汩	隶	哈	享	炫	呼	雨
원	유	윤	율	이	해	향	현	호	우
木	火	水	水	水	水	土	土	水	水

沄	旿	奄	岸	和	効	姁	旼	欣	昕
운	오	엄	안	화	효	후	훤	흔	흔
水	火	水	土	水	土	土	火	火	火

咏	沔	武	汶	炆	味	宝	府	扶	枇
영	면	무	문	문	미	보	부	부	비
水	水	金	水	火	水	金	木	木	木

沘	杯	娿	枒	炎	盂
비	배	아	아	염	우
水	木	土	木	火	金

마지막 자(8획)

政	昔	松	所	受	承	昇	歪	典	佺
정	석	송	소	수	승	승	승	전	전
火	火	木	木	水	木	火	土	金	火

妶	征	徂	侏	知	昌	靑	岹	取	奈
정	정	조	주	지	창	청	초	취	나/내
土	火	火	火	土	火	木	土	木	火

杻	忸	呤	岭	兩	枓	東	炎	垈	岱
뉴/유	뉴/유	령/영	령/영	량	두	동	담	대	대
木	火	水	土	土	木	木	火	土	土

到	亞	枒	娿	妸	咏	枙	岸	佯	奄
도	아	아	아	아	영	와	안	양	엄
金	火	木	土	土	水	木	土	火	水

兖	旿	杬	忨	盂	旿	沄	侑	沇	佴
연	오	완	완	우	우	운	유	윤	이
土	火	木	火	金	木	水	火	水	火

咍	享	呟	妶	冾	呼	昊	和	効	姁
해	향	현	현	협	호	호	화	효	후
水	土	水	土	水	水	火	水	土	土

金	昑	旽	佳	呵	坷	京	庚	垌	炅
금	금	훤	가	가	가	경	경	경	경
金	火	火	火	水	土	土	金	土	火

林	找	沔	武	汶	炆	味	采	弥	忞
림	조	면	무	문	문	미	미	미	민
木	木	水	金	水	火	水	土	金	火

忟	岷	旻	旼	宝	曼	步	非	沘	抒
민	민	민	민	보	볼	보	비	비	서
火	土	火	火	金	木	土	水	水	木

마지막 자(9획)

沼	焰	招	帥	㐘	㳁	昶	奈	拏	耐
소	소	소	솔	솔	줄	창	나	나	내
水	火	木	木	木	木	火	木	水	水

泥	亮	呤	柳	俍	柅	段	泳	奐	俑
니	량/양	령/영	류/유	량	니	단	영	환	용
水	火	火	木	火	木	金	水	木	火

禹	芌	垣	爰	油	宥	柚	兪	玬	垠
우	우	원	원	유	유	유	유	윤	은
土	木	土	木	水	木	木	土	金	土

音	怡	姻	昰	河	哥	抲	咸	垓	孩
음	이	이	하	하	하	하	함	해	해
金	火	土	火	水	金	木	水	土	水

香	眩	炫	恄	洞	炯	芐	泓	哄	紅
향	현	현	현	형	형	호	홍	홍	홍
木	火	火	火	水	火	木	水	水	木

厚	侯	柯	架	建	面	砇	啟	玟	毗
후	후	가	가	건	면	민	민	민	비
土	火	木	木	木	火	金	金	金	火

泌	姿	柱	炷	秕	帝	昭
비	자	주	주	비	제	조
水	土	木	火	木	木	火

마지막 자(10획)

栖	笑	洙	乘	恣	財	宰	栓	庭	曹
서	소	수	승	자	재	재	전	정	조
木	木	水	火	火	金	木	木	木	土

厝	祚	珍	砥	株	眞	晋	哲	拿	玲
조	조	진	지	주	진	진	철	나	령/영
金	金	金	金	木	木	火	水	水	金

砢	祢	爹	倓	桃	娥	峩	芽	俰	洹
라	니	다	담	도	아	아	아	화	환
金	木	木	火	木	土	土	木	火	水

洋	衍	祐	芸	員	員	原	笓	芫	洧
양	연	우	운	원	운	원	원	원	유
水	水	金	木	水	水	土	木	木	水

釉	恩	殷	圓	浪	珆	迤	栮	芒	夏
유	은	은	은	은	이	이	이	인	하
木	火	金	水	水	金	金	木	木	火

晐	晑	娊	烘	洪	訌	花	效	候	虔
해	향	현	홍	홍	홍	화	효	후	건
火	火	土	火	水	金	木	金	火	木

烜	珂	珈	哿	倞	耿	耕	租	晃	桓
훤	가	가	가	경	경	경	조	조	환
火	金	金	水	火	火	土	木	火	木

마지막 자(16획)

諸	錩	錯	諟	陹	陳	褧	璑	儓	錪
제	창	착	체/시	승	진	경	소	은	전
金	金	金	金	土	土	木	金	火	金

錟	潭	錏	諱	澕	燕	樵	橲	豫	暉
담	담	아	휘	화	연	초	희	예	운
金	水	金	金	水	火	木	木	水	金

錝	潤	橺	燏	潏	退	椵	噶	諧	嶰
원	윤	윤	율	율	하	하	하	해	해
金	水	木	火	水	土	火	水	金	土

廨	樺	勳	踺	黅	誼	諼	暻	橤	橄
해	화	훈	건	금	훤	훤	경	경	경
木	木	火	土	土	金	金	火	木	木

褧	潤
경	민
木	水

마지막 자(17획)

賽	郚	遠	嶾	鄕	嚇	徽
새	운	원	은	향	하	휘
金	土	土	土	土	水	火

8획 성씨

季	계	水
空	공	水
具	구	金
金	김	金
京	경	土
林	림/임	木
孟	맹	水
明	명	火
房	방	木
尙	상	金
昔	석	火
松	송	木
沈	심	水
昇	승	火
承	승	木
艾	예	木
周	주	水
奈	내	火
庚	경	金

門	문	木
宗	종	木
昌	창	火
表	표	木
舍	사	火
采	채	木
卓	탁	木
夜	야	水
奇	기	土
奉	봉	木
岳	악	土

길한 조합수리

8-10-7	8-10-15	
8-8-5	8-8-7	8-8-9
8-8-13	8-8-15	8-8-17

祢	娥	芽	峨	衍	垸	祐	員	員	袖
니	아	아	아	연	완	우	원	운	유
木	土	木	土	水	土	金	水	水	木

哴	殷	垽	圓	浪	晐	鬲	娊	花	俰
랑	은	은	은	은	해	향	현	화	화
木	金	土	水	水	火	火	土	木	火

恩	納	玳	效	候	烜	唏	爹	桐	洞
은	납	대	효	후	훤	희	다	동	동
火	木	金	金	火	火	水	木	木	水

凉	哩	珆	栖	洗	洒	笑	殊	乘	宰
랑	리	태	서	선	선	소	수	승	재
水	水	金	木	水	水	木	水	火	木

栓	庭	曺	祖	祚	倧	株	持	紙	芷
전	정	조	조	조	종	주	지	지	지
木	木	土	木	金	火	木	木	木	木

洔	牁	眞	秦	晉	晉	倡	淸	耖	厝
지	지	진	진	진	진	창	청	초	조
水	土	木	木	火	火	火	水	金	金

倒	晁	笊	肥	珉	紋	洑	粃	哿	珈
도	조	조	비	민	문	보	비	가	가
火	火	木	水	金	木	水	木	水	金

倞	耕	勍	哥	珂	虔	凍	肭	挐	娜
경	경	경	가	가	건	동	눌	나	나
火	土	金	水	金	土	水	水	水	土

玲	秢	倓	砬	砢	料	倫	耽	芧	徐
령/영	령/영	담	립	라	료	륜/윤	탐	서	서
金	木	火	金	金	木	火	火	木	火

剡	烔	城	栽	釘	隼	砥	倉
섬	동	성	재	정	준	지	창
金	火	土	木	金	火	金	火

마지막 자(7획)

我	亜	冶	言	余	汝	延	吾	完	妧
아	아	야	언	여	여	연	오	완	완
金	火	水	金	火	水	木	水	木	土

杅	会	攸	圻	何	听	呀	岈	罕	扞
우	운	유	은	하	은	아	하	한	한
木	木	金	土	火	水	水	土	木	木

忓	汗	見	夾	亨	希	杆	却	杠	更
한	한	현	협	형	희	간	각	강	경
火	水	火	木	土	木	木	火	木	金

杞	見	巠	局	均	冏	妗	男	李	里
기	견	경	국	균	경	금	남	리/아	리
木	火	水	木	土	火	土	火	木	土

良	来	豆	汏	但	吝	志	兌	床	序
량	래	두	대	단	린	탐	태	상	서
土	木	木	水	火	水	火	金	木	木

成	邵	劭	宋	秀	材	扗	佃	廷	町
성	소	소	송	수	재	재	전	정	정
火	火	木	木	木	木	木	火	木	土

住	志	池	址	辰	吹	助	免	甫	步
주	지	지	지	진	취	조	면	보	보
火	火	水	土	土	水	土	木	水	土

庇	伾	杝	甬
비	비	이	용
木	火	木	水

마지막 자(15획)

瑩	陞	耦	院	鋆	閏	璁	誾	餉	儇
영	승	우	원	윤	윤	은	은	향	현
金	土	金	土	金	火	金	金	水	火

慧	暳	嫿	嘩	萱	噋	輝	麾	翬	頡
혜	혜	화	화	훤	톤	휘	휘	휘	힐
火	火	土	水	木	水	火	木	火	火

價	漧	腱	漌	槿	嶔	儋	墰	噉	郯
가	건	건	근	근	금	담	담	담	담
火	水	水	水	木	土	火	土	水	土

談	槎	摛	橑	漓	彈	緒	陝	葉	陞
담	다	리	리	리	탄	서	섭	섭	승
金	木	木	木	水	金	木	土	木	土

鋌	除	槽	漕	漬	陣	緹	逮	樒	滵
정	제	조	조	지	진	제	체	밀	밀
金	土	木	水	水	土	木	土	木	水

暼
별
金

庚	京	呵	坷	佳	炅	金	昑	味	武
경	경	가	가	가	경	금	금	미	무
金	土	水	土	火	火	金	火	水	金

牧	沐	明	命	沔	旻	旼	忞	宝	甹
목	목	명	명	면	민	민	민	보	볼
土	水	火	水	水	火	火	火	金	木

非	卑	批	批	沘	旿	艾	昂	妸	枒
비	비	비	비	비	오	예	앙	아	아
水	土	木	木	水	火	木	火	土	木

亞	兒	姁	学	俋	臾	尙	抒	所	受
아	아	후	학	이	유	상	서	소	수
火	水	土	水	火	土	金	木	木	水

昇	承	歪	佺	政	佻	宗	宙	周	沚
승	승	승	전	정	조	종	주	주	지
火	木	土	火	火	火	木	木	水	水

知	昌	盂	杬	忨	沅	沄	兖	奄	妸
지	창	우	완	완	원	운	연	엄	아
土	火	金	木	火	水	水	土	水	土

岧	杪	炒	取	盱	侑	沇	咍	享	呟
초	초	초	취	우	유	윤	해	향	현
土	木	火	木	木	火	水	水	土	水

呼	和	効	昀	找	東	侗	映	枏	念
호	화	효	훤	조	동	동	영	남	념
水	水	土	火	木	木	火	火	木	火

汰	奈	岭	杻	炄	呢	炎	岱	坮	到
태	나	령/영	뉴/유	뉴/유	니	담	대	대	도
水	火	土	木	火	水	火	土	土	金

枓	來	兩	侖	林	秄	典	泜	枃	采
두	래	량	륜/윤	림	자	전	지	진	채
木	木	土	火	木	木	金	水	木	木

抄
초
木

마지막 자(5획)

刊	加	可	甘	永	玉	用	尔	以	玄
간	가	가	감	영	옥	용	이	이	현
金	水	水	土	水	金	水	火	火	火

乎	弘	禾	代	令	仙	夼	世	召	田
호	홍	화	대	령/영	선	선	세	소	전
金	土	木	火	火	火	火	火	水	土

只	皿	民	白	句	承	巨	去	甲	主
지	명	민	백	구	승	거	거	갑	주
水	金	火	金	水	木	火	水	木	木

仝	未	札	厄	由	必	央	申	冬	旦
동	미	찰	비	유	필	앙	신	동	단
火	土	木	木	木	火	土	金	水	火

戊
무
土

마지막 자(7획)

杆	伽	巠	冏	更	妗	却	局	圻	岐
간	가	경	경	경	금	각	국	기	기
木	火	水	火	金	土	火	木	土	土

杞	坎	江	杠	見	角	我	亜	冶	李
기	감	강	강	견	각	아	아	야	이
木	土	水	木	火	木	金	火	水	木

余	延	吾	汗	完	妧	听	甬	杅	攸
여	연	오	한	완	완	은	용	우	유
木	木	水	水	木	土	水	水	木	金

何	岈	呀	罕	扞	忓	見	希	男	昦
하	하	하	한	한	한	현	희	남	대
火	土	水	水	木	火	火	木	火	火

汏	枓	豆	利	里	吞	志	忐	兌	序
대	두	두	리	리	탄	지	탐	태	서
水	木	木	金	土	水	火	火	金	木

成	卲	劭	宋	秀	材	扗	佃	玎	町
성	소	소	송	수	재	재	전	정	정
火	火	木	木	木	木	木	火	金	土

廷	征	姃	助	皁	走	址	坁	吱	池
정	정	정	조	조	주	지	지	지	지
木	火	土	土	水	火	土	土	水	水

辰	会	初	免	伯	步	甫	庇	佊	吝
진	운	초	면	백	보	보	비	비	린
土	木	金	木	火	土	水	木	火	水

李	住	言
리/이	주	언
木	火	金

마지막 자(9획)

泔	建	衍	竿	架	柯	剄	畎	局	姞
감	건	간	간	가	가	경	경	경	길
水	木	火	木	木	木	金	土	木	土

咯	京	奎	俓	界	計	姤	垢	俄	砑
각	경	규	경	계	계	구	구	아	아
水	土	土	火	土	金	土	土	火	金

殃	易	彦	姸	尭	映	柠	泳	玩	泠
앙	양	언	연	연	영	영	영	완	령/영
水	火	火	土	土	火	木	水	金	水

禹	竽	垣	負	宥	柚	兪	玧	垠	爰
우	우	원	원	유	유	유	윤	은	원
土	木	土	金	木	木	火	金	土	木

河	香	眩	炫	倪	芐	泓	厚	侯	芋
하	향	현	현	현	호	홍	후	후	후
水	木	火	火	火	木	水	土	火	木

咥	俙	奈	挐	泥	段	昤	柳	俚	柅
희	희	나	나	니	단	령/영	류/유	리	니
水	火	木	水	水	金	火	木	火	木

眈	泰	叙	契	沼	炤	乺	帥	前	柾
탐	태	서	설	소	소	솔	수	전	정
木	水	金	木	水	火	木	木	金	木

訂	帝	昭	柱	茁	重	泜	昣	秒	面
정	제	조	주	줄	중	지	진	초	면
金	木	火	木	木	土	水	火	木	火

美	玟	敃	保	毗	玭	炦	枷
미	민	민	보	비	빈	별	가
土	金	金	火	火	金	火	木

마지막 자(13획)

愆	楗	傾	莖	經	湕	琴	綆	塍	較
건	건	경	경	경	건	금	경	승	교
火	木	火	木	木	水	金	木	土	火

郊	僅	琦	琪	睠	阿	瑈	湲	援	荷
교	근	기	기	권	아	유	원	원	하
土	火	金	金	木	土	金	水	木	木

廈	閜	煆	解	楷	徯	逅	暄	煊	暉
하	하	하	해	해	혜	후	훤	훤	휘
木	木	火	木	木	火	土	火	火	火

煇	誦	湍	愆	裏	琳	琳	稠	塔	塌
휘	나	단	건	리	림	림	조	탑	탑
火	金	水	火	木	金	金	木	土	土

詳	塞	暑	鉏	渲	撲	嗉	壞	窣	賈
상	새	서	서	선	설	소	소	솔	가
金	土	火	金	水	木	水	土	木	金

溨	詮	塡	鉦	誂	詰	嗔	瘁	湛	琶
재	전	전	정	조	힐	진	채	담	비
水	金	土	金	金	金	金	水	水	金

酚	莂
별	별
木	木

마지막 자(15획)

價	嶔	腱	滰	陞	廣	餃	漌	餉	慧
가	금	건	건	승	광	교	근	향	혜
火	土	水	水	土	木	水	水	水	火

萱	輝	陝	葉	除	緹	漬	塡	陣	稹
훤	휘	섬	섭	제	제	지	진	진	진
木	火	土	木	土	木	水	金	土	木

締	蒂	鄭
체	체	담
木	木	土

마지막 자(17획)

鍵	徽	鄖	遠	壎	徵	禧	澹	耬	縷
건	휘	운	원	훈	휘	희	담	루	루
金	火	土	土	土	火	木	水	木	木

罹	璘	衛	隄	蔡	擔	謐
리	린	솔	제	채	담	밀
木	金	火	土	木	木	金

9획 성씨

思	사	火
段	단	金
南	남	火
柳	류/유	木
肖	소	水
星	성	火
宣	선	火
辻	십	土
禹	우	土
兪	유	土
韋	위	金
俊	준	火
肖	초	水
信	신	火
泰	태	水
扁	편	木
貞	정	金
彦	언	火
秋	추	木

河	하	水
咸	함	水
侯	후	火

길한 조합수리

9-7-16	9-8-7	9-8-8	9-8-16

두 번째 자(7획)

我	亜	冶	言	余	汝	延	吾	完	妧
아	아	야	언	여	여	연	오	완	완
金	火	水	金	火	水	木	水	木	土

杅	会	攸	圻	何	听	呀	岈	罕	扞
우	운	유	은	하	은	아	하	한	한
木	木	金	土	火	水	水	土	木	木

忓	汗	見	夾	亨	希	杆	却	杠	更
한	한	현	협	형	희	간	각	강	경
火	水	火	木	土	木	木	火	木	金

杞	見	巠	局	均	冏	妗	男	李	里
기	견	경	국	균	경	금	남	리/아	리
木	火	水	木	土	火	土	火	木	土

良	来	豆	汏	但	吝	志	兌	床	序
량	래	두	대	단	린	탐	태	상	서
土	木	木	水	火	水	火	金	木	木

成	邵	劭	宋	秀	材	扗	佀	廷	町
성	소	소	송	수	재	재	전	정	정
火	火	木	木	木	木	木	火	木	土

住	志	池	址	辰	吹	助	免	甫	步
주	지	지	지	진	취	조	면	보	보
火	火	水	土	土	水	土	木	水	土

庇	伾	杝	甬
비	비	이	용
木	火	木	水

마지막 자(8획)

娿	枒	亞	妸	兗	咏	昈	柂	盂	旴
아	아	아	아	연	영	오	와	우	우
土	木	火	土	土	水	火	木	金	木

沄	沅	杬	侑	臾	学	哈	享	呟	呟
운	원	원	유	유	학	해	향	현	현
水	水	木	火	土	水	水	土	水	土

呼	和	効	姁	昍	松	受	佺	政	征
호	화	효	후	훤	송	수	전	정	정
水	水	土	土	火	木	水	火	火	火

找	周	徂	沚	泜	知	侈	沔	命	明
조	주	조	지	지	지	치	면	명	명
木	水	火	水	水	土	火	水	水	火

武	味	宝	夏	非	枇	沘	旻	旼	汶
무	미	보	볼	비	비	비	민	민	문
金	水	金	木	水	木	水	火	火	水

炆	扙	忞	佳	坷	庚	承	昇	呇	吟
문	문	민	가	가	경	승	승	승	금
火	木	火	火	土	金	木	火	土	火

金	京	炅	呵	所	抒	尙	典	妵	宗
금	경	경	가	소	서	상	전	정	종
金	土	火	水	木	木	金	金	土	木

枃	昌	采	靑	杪	抄	岧	奈	奈	杻
진	창	채	청	초	초	초	나	내	뉴/유
木	火	木	木	木	木	土	火	火	木

忸	呢	炎	坮	岱	東	來	雨	兩	侖
뉴/유	니	담	대	대	동	래	우	량	륜/윤
火	水	火	土	土	木	木	水	土	火

林	汰
림	태
木	水

마지막 자(16획)

諸	鋹	錯	諟	阩	陳	娎	璑	億	錪
제	창	착	체/시	승	진	경	소	은	전
金	金	金	金	土	土	木	金	火	金

鋑	潭	錏	諱	澕	燕	樵	樨	豫	暉
담	담	아	휘	화	연	초	희	예	운
金	水	金	金	水	火	木	木	水	金

錽	潤	橍	熿	潏	遐	椵	嗵	諧	嶰
원	윤	윤	율	율	하	하	하	해	해
金	水	木	火	水	土	火	水	金	土

廨	樺	勳	踺	黅	諠	諼	暻	槼	橄
해	화	훈	건	금	훤	훤	경	경	경
木	木	火	土	土	金	金	火	木	木

褧　潤

경　민

木　水

두 번째 자(8획)

娿	枒	亞	妸	兖	咏	旿	柕	盂	旴
아	아	아	아	연	영	오	와	우	우
土	木	火	土	土	水	火	木	金	木

沄	沅	杬	侑	臾	学	哈	享	呟	玹
운	원	원	유	유	학	해	향	현	현
水	水	木	火	土	水	水	土	水	土

呼	和	効	姁	旺	松	受	佺	政	征
호	화	효	후	훤	송	수	전	정	정
水	水	土	土	火	木	水	火	火	火

找	周	徂	沚	泜	知	侈	沔	命	明
조	주	조	지	지	지	치	면	명	명
木	水	火	水	水	土	火	水	水	火

武	味	宝	甹	非	枇	泌	旻	旼	汶
무	미	보	볼	비	비	비	민	민	문
金	水	金	木	水	木	水	火	火	水

炆	扙	忞	佳	坷	庚	承	昇	岙	吟
문	문	민	가	가	경	승	승	승	금
火	木	火	火	土	金	木	火	土	火

金	京	炅	呵	所	抒	尙	典	姃	宗
금	경	경	가	소	서	상	전	정	종
金	土	火	水	木	木	金	金	土	木

枃	昌	采	靑	杪	抄	岧	奈	奈	杻
진	창	채	청	초	초	초	나	내	뉴/유
木	火	木	木	木	木	土	火	火	木

忸	呢	炎	坮	岱	東	來	雨	兩	侖
뉴/유	니	담	대	대	동	래	우	량	륜/윤
火	水	火	土	土	木	木	水	土	火

林	汰
림	태
木	水

마지막 자(7획)

我	亜	冶	言	姸	均	延	吾	甬	杆
아	아	야	언	연	연	연	오	용	우
金	火	水	金	土	土	木	水	水	木

攸	圻	听	杝	李	呀	罕	扞	汗	見
유	은	은	이	이/리	하	한	한	한	현
金	土	水	木	木	水	木	木	水	火

見	汔	免	杓	庇	伾	序	汐	成	佋
견	흘	면	표	비	비	서	석	성	소
火	水	木	木	木	火	木	水	火	火

低	吰	伷	希	玎	町	征	廷	助	呈
저	전	주	희	정	정	정	정	조	정
火	水	火	木	金	土	火	木	土	水

住	址	吱	坻	志	池	辰	車	初	利
주	지	지	지	지	지	진	차	초	리
火	土	水	土	火	水	土	火	金	金

男	汏	彤	豆	杜	良	呂	伶	里	李
남	대	동	두	두	량	려	령/영	리	리
火	水	火	木	木	土	水	火	土	金

兌	吝	步	甫	何	巠	更	冏	妗	伽
태	린	보	보	하	경	경	경	금	가
金	水	土	水	火	火	金	火	土	火

汙	囮	佃	皁	卲	劭
오	와	전	조	소	소
水	土	火	水	火	木

마지막 자(8획)

妸	娿	岸	昂	艾	堯	沇	炎	忤	昈
아	아	안	앙	예	연	연	담	오	오
土	土	土	火	木	土	水	火	火	火

杬	忨	盂	旴	沄	沅	侑	臾	昀	哈
완	완	우	우	운	원	유	유	윤	해
木	火	金	木	水	水	火	土	火	水

享	呟	玆	呼	昊	国	和	効	姁	承
향	현	현	호	호	국	화	효	후	승
土	水	土	水	火	金	水	土	土	木

昇	喬	昍	炘	欣	昕	明	侔	杷	沘
승	승	훤	흔	흔	흔	명	모	파	비
火	土	火	火	火	火	火	土	木	水

枇	尙	抒	昔	所	松	受	佺	政	征
비	상	서	석	소	송	수	전	정	정
木	金	木	火	木	木	水	火	火	火

姓	呪	宙	侜	周	枝	沚	知	坻	泜
주	주	주	주	주	지	지	지	지	지
土	水	木	火	水	木	水	土	土	水

采	岧	炒	杪	取	侈	枕	到	來	奈
채	초	초	초	취	치	침	도	래	나
木	土	火	木	木	火	木	金	木	火

枏	杻	忸	呢	垈	岱	東	枓	抖	侗
남	뉴/유	뉴/유	니	대	대	동	두	두	동
木	木	火	水	土	土	木	木	木	火

兩	岭	侖	林	岦	汰	找	沔	命	武
량	령/영	륜/윤	림	립	태	조	면	명	무
土	土	火	木	土	水	木	水	水	金

汶	炆	味	旻	旼	岷	忞	步	玭	宝
문	문	미	민	민	민	민	보	보	보
水	火	水	火	火	土	火	土	金	金

非	批	坷	呵	佳	京	庚	炅	金	昑
비	비	가	가	가	경	경	경	금	금
水	水	土	水	火	土	金	火	金	火

마지막 자(16획)

錏	曄	憼	輝	潤	橍	階	燏	潏	僼
아	엽	경	운	윤	윤	승	율	율	은
金	火	火	金	水	木	土	火	水	火

遐	蝦	龍	學	諧	嶰	廨	澕	樺	勳
하	하	용	학	해	해	해	화	화	훈
土	火	土	水	金	土	木	水	木	火

誼	諱	潤	噬	歚	醒	踶	蹄	諸	陳
훤	휘	민	서	선	성	제	제	제	진
金	金	水	水	金	金	土	土	金	土

諦	諟	樵	璃	霖	壇	錟	潭	曈	潼
체	체	초	리	림	단	담	담	동	동
金	金	木	金	水	土	金	水	火	水

憴	褸	龍	潾	橉	蓖	踺	褧	橄	檠
니	루	롱	린	린	비	건	경	경	경
火	木	土	水	木	木	土	木	木	木

暻	黅
경	금
火	土

10획 성씨

花	화	木
秦	진	木
倉	창	火
洪	홍	水
桓	환	木
夏	하	火
剛	강	金
高	고	火
桂	계	木
唐	당	水
馬	마	火
徐	서	火
孫	손	水
洙	수	水
柴	시	木
芮	예	木
邕	옹	土
芸	운	木
袁	원	木

殷	은	金
曺	조	土
晋	진	火
晉	진	火
眞	진	木

길한 조합수리

10-7-1	10-7-6	10-7-8
10-8-3	10-8-5	10-8-7
10-8-15		

두 번째 자(7획)

我	亜	冶	言	姸	吾	吳	汙	甬	佑
아	아	야	언	연	오	오	오	용	우
金	火	水	金	土	水	水	水	水	火

杅	夽	攸	李	杝	汔	希	妗	免	步
우	운	유	리/이	이	흘	희	금	면	보
木	木	金	木	木	水	木	土	木	土

庇	伽	更	冏	坙	伯	甫	伾	杜	兌
비	가	경	경	경	백	보	비	두	태
木	火	金	火	水	火	水	火	木	金

听	罕	延	吹	豆	彤	汏	良	初	扗
은	한	연	취	두	동	대	량	초	재
水	木	木	水	木	火	水	土	金	木

助	何	呀	廷	町	佐	住	劭	邵	成
조	하	하	정	정	좌	주	소	소	성
土	火	水	木	土	火	火	木	火	火

見	見	佇	佃	玎	秀	宋	床	序	辰
견	현	저	전	정	수	송	상	서	진
火	火	火	火	金	木	木	木	木	土

呈	池	但	旲	伶	完	圻	含	夾	亨
정	지	단	대	령/영	완	은	함	협	형
水	水	火	火	火	木	土	水	木	土

汞	男	呂	杠	局	吝	名	忕	步	址
홍	남	려	강	국	린	명	세	보	지
水	火	水	木	木	水	水	火	土	土

呆	見	扝	児
매	현/견	우	아
木	火	木	水

마지막 자(1획)

一	乙
일	을
木	木

마지막 자(6획)

宇	有	在	全	早	亥	向	朱	州	汀
우	유	재	전	조	해	향	주	주	정
木	水	土	土	火	水	水	木	水	水

旨	同	卉	休	回	尖	舌	光	存	印
지	동	훼	휴	회	첨	설	광	존	인
火	水	木	火	水	金	水	火	木	木

伊	色	衣	仵	多	妃	伍	吁	好	此
이	색	의	오	다	비	오	우	호	차
火	土	木	火	水	土	火	水	土	土

打	兆
정	조
木	火

마지막 자(8획)

娿	亞	沄	妸	枒	呟	昂	艾	夗	杬
아	아	운	아	아	현	앙	예	연	완
土	火	水	土	木	水	火	木	土	木

旺	枉	汪	盂	旰	沅	炅	侑	昀	沇
왕	왕	왕	우	우	원	유	유	윤	윤
火	木	水	金	木	水	土	火	火	水

哈	享	呟	呼	昊	和	侗	効	姁	昍
해	향	현	호	호	화	회	효	후	훤
水	土	土	水	火	水	火	土	土	火

玗	東	政	定	沔	武	門	味	枋	昉
우	동	정	정	면	무	문	미	방	방
金	木	火	木	水	金	木	水	木	火

杯	宝	乶	扶	枇	沘	坡	表	侖	汶
배	보	볼	부	비	비	파	표	륜/윤	문
木	金	木	木	木	水	土	木	火	水

炆	扶	岷	旼	忞	所	松	昇	岺	承
문	문	민	민	민	소	송	승	승	승
火	木	土	火	火	木	木	火	土	木

宗	周	姓	知	釆	靑	峛	找	吟	沚
종	주	주	지	채	청	초	조	금	지
木	水	土	土	木	木	土	木	火	水

庚	京	林	奈	杻	忸	呢	來
경	경	림	나	뉴/유	뉴/유	니	래
金	土	木	火	木	火	水	木

두 번째 자(8획)

佳	金	娿	亞	沄	妸	炅	炎	炎	枒
가	금	아	아	운	아	경	염	담	아
火	金	土	火	水	土	火	火	火	木

旴	昂	艾	呵	坷	兗	旺	呟	知	釆
우	앙	예	가	가	연	왕	현	지	채
木	火	木	水	土	土	火	土	土	木

靑	峛	找	吟	沚	哈	昍	和	姁	庚
청	초	조	금	지	해	훤	화	후	경
木	土	木	火	水	水	火	水	土	金

京	旻	旼	忞	沇	政	林	奈	杻	忸
경	민	민	민	윤	정	림	나	뉴/유	뉴/유
土	火	火	火	水	火	木	火	木	火

定	所	松	呢	東	來	宗	周	姓	玗
정	소	송	니	동	래	종	주	주	우
木	木	木	水	木	木	木	水	土	金

杬	沅	忨	汪	盂	臾	侑	昀	亯	呟
원	원	완	왕	우	유	유	윤	향	현
木	水	火	水	金	土	火	火	土	水

呼	昊	佪	効	昇	承	盃	武	門	味
호	호	회	효	승	승	승	무	문	미
水	火	火	土	火	木	土	金	木	水

枋	昉	杯	宝	甹	扶	枇	坡	表	侖
방	방	배	보	볼	부	비	파	표	륜/윤
木	火	木	金	木	木	木	土	木	火

汶	炆	扏	岷	非	泚
문	문	문	민	비	비
水	火	木	土	水	水

마지막 자(3획)

小	子	千	川	大	于	干	口	己	久
소	자	천	천	대	우	간	구	기	구
水	水	火	水	木	木	木	水	土	水

마지막 자(5획)

承	右	石	仙	厹	世	召	田	主	只
승	우	석	선	선	세	소	전	주	지
土	水	金	火	火	火	水	土	木	水

且	札	仟	代	令	另	立	台	仝	幼
차	찰	천	대	령/영	령/영	립	태	동	유
木	木	火	火	火	水	金	水	火	木

尔	玄	戊	未	乎	弘	禾	可	加	巨
이	현	무	미	호	홍	화	가	가	거
火	火	土	木	金	土	木	水	水	火

去	甘	甲	由	玉	央	申	以	必
거	감	갑	유	옥	앙	신	이	필
水	土	木	木	金	土	金	火	火

宋	听	圻	床	序	成	劭	秀	杜	佇
송	은	은	상	서	성	소	수	두	저
木	水	土	木	木	火	木	木	木	火

佃	玎	町	廷	助	佐	住	址	辰	我
전	정	정	정	조	좌	주	지	진	아
火	金	土	木	土	火	火	土	土	金

車	杠	初	吹	汰	彤	豆	良	里	李
차	강	초	취	대	동	두	랑/양	리	리/이
火	木	金	水	水	火	木	土	土	木

志	兌	亜	冶	言	攸	杝	忕	何	呀
탐	태	아	야	언	유	이	인	하	하
火	金	火	水	金	金	木	火	火	水

扞	見	夾	亨	免	庇	汞	伽	更	巠
한	현	협	형	면	비	홍	가	경	경
木	火	木	土	木	木	水	火	金	水

希	冏	妗	利	吝	伯	卲	吾
희	경	금	리	린	백	소	오
木	火	土	金	水	火	火	水

마지막 자(15획)

陝	葉	除	緹	調	陞	銕	陣	塡	緝
섬	섭	제	제	조	승	지	진	진	집
土	木	土	木	金	土	金	土	金	木

賛	締	逮	槎	談	噉	儋	嶙	楺	鋆
찬	체	체	다	담	담	담	린	유	윤
金	木	土	木	金	水	火	土	木	金

閏	璁	誾	瑩	餉	儇	慧	嘒	緡	憼
윤	은	은	영	향	현	혜	혜	민	민
火	金	金	金	水	火	火	火	木	火

鄲	嘩	價	潗	萱	輝	翬	嶔	腱
담	화	가	건	훤	휘	휘	금	건
土	火	火	水	木	火	火	土	水

11획 성씨

康	강	水
强	강	金
堅	견	土
常	상	木
國	국	土
浪	낭	水
梁	량/양	水
麻	마	木
梅	매	木
苗	묘	木
邦	방	土
范	범	木
彬	빈	火
魚	어	水
偰	설	火
御	어	土
髙	설	土
苑	원	木
異	이	火

張	장	金
章	장	木
崔	최	土
胡	호	水
許	허	金
海	해	水
邢	형	土
扈	호	土

길한 조합수리

11-12-6	11-12-12
11-6-7	11-6-12

두 번째 자(12획)

椏	雅	峨	堯	寓	雲	媛	阮	釉	閏
아	아	아	요	우	운	원	원	유	윤
木	火	金	土	木	水	土	土	金	火

鈗	阭	貳	胒	羡	壹	賀	厦	睍	琄
윤	윤	이	이	이	일	하	하	현	현
金	土	金	水	土	木	金	土	木	金

惠	傒	淏	皓	喧	稀	勴	堡	備	普
혜	혜	호	호	훤	희	별	보	비	보
火	火	水	金	水	木	土	土	火	火

迦	街	景	硬	閔	悶	雯	軻	訶	棌
가	가	경	경	민	민	문	가	가	채
土	土	火	金	木	火	水	火	金	木

珵	智	邵	酥	竦	授	朝	崽	程	済
정	지	소	소	송	수	조	재	정	제
金	火	土	金	金	木	水	土	木	水

勝	措	竣	軫	診	砑	唱	淐	晴	清
승	조	준	진	진	아	창	창	청	청
土	木	金	火	金	金	火	水	火	水

硝	迢	鈔	淡	挐	腏	鈕	荂	覃	啿
초	초	초	담	나	나	뉴/유	다	담	담
金	土	金	水	木	水	金	木	金	水

毯	淋	琳	棽	胴	淶	軨	琉	犂	探
담	림	림	림	동	래	령/영	류/유	리	탐
火	水	火	木	水	水	火	金	木	木

邰
태
土

마지막 자(6획)

安	仰	曳	伍	宇	有	而	好	后	朴
안	앙	예	오	우	유	이	호	후	박
木	火	金	火	木	水	水	土	水	木

百	牝	州	米	丞	在	全	亘	戍	汀
백	빈	주	미	승	재	전	선	수	정
水	土	水	木	木	土	土	火	金	水

灯	打	早	朱	至	此	次	件	卉	休
정	정	조	주	지	차	차	건	훼	휴
火	木	火	木	土	土	火	火	木	火

回	向	尖	亥	存	印	伊	色	衣	仵
회	향	첨	해	존	인	이	색	의	오
水	水	金	水	木	木	火	土	木	火

舌	多	光	吁
설	다	광	우
水	水	火	水

마지막 자(12획)

椏	硪	雅	硯	漢	煐	詠	媛	阮	阭
아	아	아	연	영	영	영	원	원	윤
木	金	火	金	水	火	金	土	土	土

閏	貽	貳	壹	厦	閒	絢	睍	珺	惠
윤	이	이	일	하	한	순	현	현	혜
火	金	金	木	土	木	木	木	金	火

傃	畫	喉	堠	喧	稀	媄	閔	堯	鈗
혜	화	후	후	훤	희	미	민	요	윤
火	木	水	土	水	木	土	木	土	金

雲	捫	普	悶	弼	勝	註	堡	備	雯
운	문	보	민	필	승	주	보	비	문
水	木	火	火	金	土	金	土	火	水

勛	荖	䏠	脌	捺	茶	覃	毯	淡	胴
별	다	나	나	날	다	담	담	담	동
土	木	木	水	木	木	金	火	水	水

童	喇	琅	淶	涼	軨	琉	淪	掄	犂
동	라	랑	래	량/양	령/영	류/유	륜/윤	륜/윤	리
金	水	金	水	水	火	金	水	木	土

舜	晾	淋	邰	跆	視	峛	荃	竣	迨
린	림	림	태	태	시	재	전	준	태
木	火	水	土	土	火	土	木	土	土

舒	盛	稅	貰	邵	酥	訴	琇	茱	済
서	성	세	세	소	소	소	수	수	제
火	火	木	金	土	金	金	金	木	水

尊	悰	椆	晭	絑	智	診	趁	唱	採
존	종	주	주	주	지	진	진	창	채
木	火	木	火	木	火	金	火	火	木

棌	清	晴	棣	硝	迢	草	街	景	硬
채	청	청	체	초	초	초	가	경	경
土	水	火	木	金	土	木	土	火	金

鈔	軻	朝	訶
초	가	조	가
金	火	水	金

두 번째 자(6획)

牝	州	兆	亘	戍	丞	在	全	汀	朾
빈	주	조	선	수	승	재	전	정	정
土	水	火	火	金	木	土	土	水	木

早	朱	至	此	次	宇	伍	曳	仰	安
조	주	지	차	차	우	오	예	앙	안
火	木	土	土	火	木	火	金	火	木

有	而	好	后	朴	百	卉	休	回	向
유	이	호	후	박	백	훼	휴	회	향
水	水	土	水	木	水	木	火	水	水

尖	光	多	衣	色	伊	因	印	亥	存
첨	광	다	의	색	이	인	인	해	존
金	火	水	木	土	火	水	木	水	木

舌	仵
설	오
水	火

마지막 자(7획)

汝	余	延	姸	汙	妧	听	会	甬	杅
여	여	연	연	오	완	은	운	용	우
水	火	木	土	水	土	水	木	水	木

攸	圻	希	呀	汗	見	見	坎	江	杠
유	은	희	아	한	현	견	감	강	강
金	土	木	水	水	火	火	土	水	木

巠	却	伽	杆	更	妗	局	岐	汏	杜
경	각	가	간	경	금	국	기	대	두
水	火	火	木	金	土	木	土	水	木

豆	利	吝	李	里	吞	志	忐	兑	序
두	리	린	리	리	탄	지	탐	태	서
木	金	水	木	土	水	火	火	金	木

成	邵	劭	宋	秀	扗	佃	玎	廷	姸
성	소	소	송	수	재	전	정	정	정
火	木	火	木	木	木	火	金	木	土

助	佂	阜	走	但	步	庇	汞	含	扞
조	정	조	주	단	보	비	홍	함	한
土	火	水	火	火	土	木	水	水	木

罕	址	住	辰	初	何	杉	我	児	亜
한	지	주	진	초	하	삼	아	아	아
木	土	火	土	金	火	木	金	水	火

冶	言	吾	佑
야	언	오	우
水	金	水	火

마지막 자(12획)

智	椏	珵	㭦	竣	勝	邵	酥	崽	程
지	아	정	채	준	승	소	소	재	정
火	木	金	木	土	土	土	金	土	木

済	清	晴	淐	唱	硝	措	竦	授	軫
제	청	청	창	창	초	조	송	수	진
水	水	火	水	火	金	木	金	木	火

診	採	雅	掩	然	渼	焱	毯	袴	胇
진	채	아	엄	연	영	영	담	나	나
金	木	火	木	火	水	火	火	木	水

鈕	荖	覃	啿	淡	淋	琳	棽	胴	淶
뉴/유	다	담	담	담	림	림	림	동	래
金	木	金	水	水	水	火	木	水	水

硠	琉	犁	探	邰	硧	寓	雲	媛	釉
랑	류/유	리	탐	태	용	우	운	원	유
金	金	木	木	土	金	木	水	土	金

訶	軻	硬	閔	悶	勛	普	堡	淝	街
가	가	경	민	민	별	보	보	비	가
金	火	金	木	火	土	火	土	水	土

迦	景	稀	淌	銃	阮	閏	壹	賀	厦
가	경	희	상	윤	윤	윤	일	하	하
土	火	木	水	金	土	火	木	金	土

絢	琄	傒	惠	淏	皓	睍	畫	勛	喧
현	현	혜	혜	호	호	현	화	훈	훤
木	金	火	火	水	金	木	木	火	水

迢	棣	焢	茵	絪	貳	羨	茶	貽	胂
초	체	훌	인	인	이	이	차	이	이
土	木	金	木	木	金	土	木	金	水

稍	軺	鈔	琁	荃	悰	淙	絑	脥	善
초	초	초	선	전	종	종	주	짐	선
木	火	金	金	木	火	水	木	水	水

琇	喻	堯	阮	阮	琓	珸	荣	須	趁
수	유	요	원	완	완	오	영	수	진
金	水	土	土	土	金	金	木	火	火

茱	淀	証	堤	詔	緋	尊	註	晭	
수	정	정	제	조	조	존	주	주	
木	水	金	土	金	木	金	金	火	

童	동	金
邱	구	土
景	경	火
單	단	水
敦	돈	金
東方	동방	木土
閔	민	木
傅	부	火
森	삼	木
邵	소	土
順	순	火
淳	순	水
馮	빙	火
善	선	水
勝	승	土
堯	요	土
壹	일	木
程	정	木
智	지	火

賀	하	金
大室	대실	木木
小室	소실	木木
以先	이선	火木
象	상	水
荀	순	木
舜	순	木
雲	운	水
庾	유	木
邸	저	土
曾	증	火
彭	팽	火
馮	풍	火
弼	필	金
黃	황	土

길한 조합수리

12-12-5	12-12-9	12-12-11
12-12-13	12-12-17	

詞	軻	硬	街	迦	景	淡	毯	採	唱
가	가	경	가	가	경	담	담	채	창
金	火	金	土	土	火	水	火	木	火

閔	悶	勛	普	堡	淝	稀	棌	淌	賀
민	민	별	보	보	비	희	채	창	하
木	火	土	火	土	水	木	木	水	金

絢	睍	惠	傒	皓	淏	畫	勛	喧	迢
현	현	혜	혜	호	호	화	훈	훤	초
木	木	火	火	金	水	木	火	水	土

棣	茵	絪	貳	羡	貽	胹	稍	硝	軺
체	인	인	이	이	이	이	초	초	초
木	木	木	金	土	金	水	木	金	火

鈔	閏	喻	堯	阮	阢	琓	珸	荣	渼
초	윤	유	요	원	완	완	오	영	영
金	火	水	土	土	土	金	金	木	水

雅	椏	掩	然	煐	硧	寓	雲	媛	釉
아	아	엄	연	영	용	우	운	원	유
火	木	木	火	火	金	木	水	土	金

庾	銃	阭	壹	厦	琄	炋	琁	荃	筌
유	윤	윤	일	하	현	훌	선	전	전
木	金	土	木	土	金	金	金	木	木

悰	淙	絑	善	筅	琇	須	茮	珵	淀
종	종	주	선	선	수	수	수	정	정
火	水	木	水	木	金	火	木	金	水

証	堤	措	詔	緋	尊	註	晪	竣	智
정	제	조	조	조	존	주	주	준	지
金	土	木	金	木	木	金	火	土	火

趁	軫	脧	茶	茶	勝	邵	酥	竦	授
진	진	짐	차	다	승	소	소	송	수
火	火	水	木	木	土	土	金	金	木

崽	程	済	診	淐	晴	清	茹	探	邰
재	정	제	진	창	청	청	나	탐	태
土	木	水	金	水	火	水	木	木	土

胗	鈕	苓	覃	啿	硫	棽	淋	琳	胴
나	뉴/유	다	담	담	류/유	림	림	림	동
水	金	木	金	水	金	木	水	火	水

淶	軨	琉	犁
래	령/영	류/유	리
水	火	金	木

마지막 자(5획)

永	尔	乎	弘	玄	禾	皿	未	民	白
승	이	호	홍	현	화	명	미	민	백
木	火	金	土	火	木	金	木	火	金

仙	夼	世	示	主	且	札	代	令	台
선	선	세	시	주	차	찰	대	령/영	태
火	火	火	木	木	木	木	土	火	水

可	田	右	正	由	召	冬	庀	必	立
가	전	우	정	유	소	동	비	필	립
水	土	金	土	木	水	水	木	火	金

旦	央	以	申	他	甘	巨	去	甲	玉
단	앙	이	신	타	감	거	거	갑	옥
火	土	火	金	火	土	火	水	木	金

永	仝
영	동
水	火

마지막 자(9획)

俄	砑	彦	尭	姸	映	栥	禹	負	宥
아	아	언	연	연	영	영	우	원	유
火	金	火	土	土	火	木	土	金	木

柚	洳	玧	垠	昰	歌	抲	香	眩	炫
유	유	윤	은	하	하	하	향	현	현
木	水	金	土	火	金	木	木	火	火

倪	泓	廻	厚	侯	咥	柅	泥	面	美
현	홍	회	후	후	희	니	니	면	미
火	水	水	土	火	水	木	水	火	土

敃	昍	泮	炦	毘	毗	宣	契	星	沼
민	단	반	별	비	비	선	설	성	소
金	火	水	火	火	火	火	木	火	水

炤	帥	帥	乺	是	哉	前	柾	炡	訂
소	솔	수	솔	시	재	전	정	정	정
火	木	木	木	火	水	金	木	火	金

帝	注	柱	乼	衪	枳	昣	招	俏	秒
제	주	주	줄	지	지	진	초	초	초
木	水	木	木	木	木	火	木	火	木

奈	拏	南	耐	担	昤	泠	俍	抬	柳
나	나	남	내	단	령/영	령/영	량/양	대	류/유
木	水	火	水	木	火	水	火	木	木

玲	泰	架	俓	局	俚
림	태	가	경	경	리
金	水	木	火	木	火

마지막 자(11획)

婀	英	偶	研	胤	訢	偕	貨	涍	烯
아	영	우	연	윤	은	해	화	효	희
土	木	火	金	水	金	火	金	水	火

珥	珦	敏	珤	彬	偰	笹	彗	紹	率
이	향	민	보	빈	설	세	세	소	솔
金	金	金	金	火	火	木	火	木	火

袖	曹	昨	桃	組	晝	珠	硃	焌	茁
수	조	조	조	조	주	주	주	준	줄
木	土	水	土	木	火	金	金	火	木

珒	彩	埰	砦	釵	婇	鈔	梛	捏	訥
진	채	채	채	채	채	초	나	날	눌
金	火	土	金	金	土	金	木	木	金

袒	啖	啗	笭	聆	埮	累	婁	浪	烺
단	담	담	령/영	령/영	담	루	루	랑	랑
木	水	水	木	火	土	木	土	水	火

徕	袋	崙	苔	茄	苛	假	梗	淫
래	대	륜/윤	태	가	가	가	경	경
火	木	土	木	木	木	火	木	水

마지막 자(13획)

稦	嗉	减	詮	渲	署	鉐	閊	荷	楷
별	소	재	전	선	서	석	하	하	해
木	水	水	金	水	火	金	木	木	木

徯	逅	塍	暄	輝	衙	莪	阿	瑛	湲
혜	후	승	훤	휘	아	아	아	영	원
火	土	土	火	火	火	木	土	金	水

楥	瑈	琳	琳	琸	琰	詣	鉛	鉉	話
원	유	림	림	탁	염	예	연	현	화
木	金	金	金	金	金	金	金	金	金

詰	楗	經	鈱	湍	湛	鈴	旒	裏	愆
힐	건	경	민	단	담	령/영	류/유	리/이	건
金	木	木	金	水	水	金	木	木	火

傾	琴	綆	較	郊	琪	暉
경	금	경	교	교	기	휘
火	金	木	火	土	金	火

마지막 자(17획)

郞	嶾	鍜	澥	隄	壎	燬	燨	禧	徽
원	은	하	해	제	훈	훼	훼	희	휘
土	土	金	水	土	土	火	火	木	火

隄	蔡	擔	耬	璘
제	채	담	루	린
土	木	木	木	金

13획 성씨

岡田	강전	土土
甄	견	土
琴	금	金
路	로	土
雷	뇌	水
頓	돈	土
廉	렴/염	木
睦	목	木
司空	사공	水水
小峰	소봉	水土
雍	옹	火
莊	장	木
楚	초	木
令孤	령/영고	火水
賈	가	金

길한 조합수리

13-12-4	13-12-12

두 번째 자(12획)

詞	硬	街	景	軻	媄	捫	絩	朝	淡
가	경	가	경	가	미	문	조	조	담
金	金	土	火	火	土	木	木	水	水

覃	噡	毯	舒	盛	邵	傃	酥	訴	琇
담	담	담	서	성	소	소	소	소	수
金	水	火	火	火	土	火	金	金	金

勝	筌	荃	珽	証	阯	竣	済	詔	尊
승	전	전	정	정	지	준	제	조	존
土	木	木	金	金	土	土	水	金	木

淙	悰	絑	說	椆	智	軫	趁	脁	棌
종	종	주	주	주	지	진	진	짐	채
水	火	木	金	木	火	火	火	水	木

採	清	硝	迢	鈔	跢	胹	捏	涷	崬
채	청	초	초	초	나	나	날	동	동
木	水	金	土	金	木	水	木	水	木

棟	登	淶	涼	輪	琉	硫	淪	掄	犁
동	등	래	량/양	령/영	류/유	류/유	륜/윤	륜/윤	리
木	火	水	水	火	金	金	水	木	土

橉	淋	琳	棽	邰	跆	雅	椏	漢	煐
린	림	림	림	태	태	아	아	영	영
木	水	火	木	土	土	火	木	水	火

琓	堯	寓	阮	鈾	庾	惟	鈗	阭	貽
완	요	우	원	유	유	유	윤	윤	이
金	土	木	土	金	木	火	金	土	金

賀	厦	絢	琄	惠	傒	勛	喧	稀	閔
하	하	현	현	혜	혜	훈	훤	희	민
金	土	木	金	火	火	火	水	木	木

悶	勛	堡	備	鈕	喙	媛	閏	貳	胴
민	별	보	비	뉴/유	훼	원	윤	이	이
火	土	土	火	金	水	土	火	金	水

壹	睍	現	皓	絙	茴	傚	堠	欻
일	현	현	호	환	회	효	후	훌
木	木	金	金	木	木	火	土	金

마지막 자(4획)

支	止	之	升	引	仁	友	尤	云	円
지	지	지	승	인	인	우	우	운	엔
土	土	土	木	火	火	水	土	水	土

午	日	牛	右	元	尹	允	今	戸	牙
오	왈	우	우	원	윤	윤	금	호	아
火	火	土	水	木	水	土	火	木	金

日	火	爻	爪	斤	丹	木	少	井	中
일	화	효	조	근	단	목	소	정	중
火	火	土	金	金	火	木	水	水	土

內	文	化	太
내	문	화	태
木	木	火	木

마지막 자(12획)

傝	探	棽	琳	猻	晭	淋	噉	淡	犛
탑	탐	림	림	린	주	림	담	담	리
火	木	木	火	木	火	水	水	水	土

智	診	軫	毯	崽	筌	荃	証	棖	峨
지	진	진	담	재	전	전	정	정	아
火	金	火	火	土	木	木	金	木	金

詔	椆	竣	唱	採	棌	掇	淸	棣	硝
조	주	준	창	채	채	철	청	체	초
金	木	土	火	木	木	木	水	木	金

迢	焦	稅	酥	詛	鈔	勝	單	胗	邵
초	초	세	소	저	초	승	단	나	소
土	火	木	金	金	金	土	水	水	土

荍	茶	覃	軨	琉	淪	鈦	硠	胴	淶
다	다/차	담	령/영	류/유	륜/윤	태	랑	동	래
木	木	金	火	金	水	金	金	水	水

惠	椏	渶	煐	琓	貽	堯	寓	媛	阮
혜	아	영	영	완	이	요	우	원	원
火	木	水	火	金	金	土	木	土	土

阭	鈗	釉	閏	朝	貳	胆	壹	賀	厦
윤	윤	유	윤	조	이	이	일	하	하
土	金	金	火	水	金	水	木	金	土

睍	絢	現	傒	皓	絙	傚	堠	勛	欻
현	현	현	혜	호	환	효	후	훈	훌
木	木	金	火	金	木	火	土	火	金

喧	稀	閔	軻	景	硬	捫	媄	悶	勯
훤	희	민	가	경	경	문	미	민	별
水	木	木	火	火	金	木	土	火	土

普	備	棐	斐	街	迦	堡	訶	阯	緋
보	비	비	비	가	가	보	가	지	조
火	火	木	木	土	土	火	金	土	木

玳	倒	洞	凍	玲	稔	倫	珆	祚	衾
대	도	동	동	령/영	령/영	륜/윤	태	조	금
金	火	水	水	金	木	火	金	金	木

虔	耕	耿	哥	芩	笒	徑	哽	珂	哿
건	경	경	가	금	금	경	경	가	가
木	土	火	水	木	木	火	水	金	水

俺	芽	峨	衍	芮	容	祐	員	員	芫
엄	아	아	연	예	용	우	원	운	원
火	木	土	水	木	木	金	水	水	木

釉	恩	殷	浪	夏	曷	娨	芦	俰	桓
유	은	은	은	하	향	현	호	화	환
木	火	金	水	火	火	土	木	火	木

效	烜	唏	訑	玹	訓	們	紋	芙	芭
효	훤	희	이	현	훈	문	문	부	파
金	火	水	金	金	金	火	木	木	木

砰	珌
팽	필
金	金

序	汐	成	邵	劭	孜	材	扗	佃	町
서	석	성	소	소	자	재	재	전	정
木	水	火	火	木	水	木	木	火	土

廷	住	址	辰	初	吹	辛	男	汏	彤
정	주	지	진	초	취	신	남	대	동
木	火	土	土	金	水	金	火	水	火

杜	豆	利	吝	兌	亞	冶	余	均	妍
두	두	리	린	태	아	야	여	연	연
木	木	金	水	金	火	水	火	土	土

吾	吳	佑	杅	会	听	李	何	呀	岈
오	오	우	우	운	은	리	하	하	하
水	水	火	木	木	水	木	火	水	土

見	見	夾	亨	希	免	步	甫	庇	伾
현	견	협	형	희	면	보	보	비	비
火	火	木	土	木	木	土	水	木	火

巠	冏	更	伽	妗	我
경	경	경	가	금	아
水	火	金	火	土	金

마지막 자(11획)

敍	偰	紹	率	袖	涔	曹	晝	焌	茁
서	설	소	솔	수	잠	조	주	준	줄
金	火	木	火	木	水	土	火	火	木

彩	釵	寀	砦	媞	阡	玼	珗	設	珘
채	채	채	채	채	천	체	선	설	주
火	土	木	金	土	土	金	金	金	金

珒	梛	那	啖	埮	苓	崙	离	烯	訝
진	나	나	담	담	령/영	륜/윤	리	희	아
金	木	土	水	土	木	土	金	火	金

婀	迓	啊	婭	若	涓	英	胤	垠	訢
아	아	아	아	야	연	영	윤	은	은
土	土	水	土	木	水	木	水	金	金

珥	偕	敏	苠	珤	珽	彬	袋	梗	絅
이	해	민	민	보	보	빈	대	경	경
金	火	金	木	金	金	火	木	木	木

竟	乾	頃	苛
경	건	경	가
金	金	火	木

마지막 자(15획)

陝	陣	瑱	贊	陞	銷	銴	醋	橵	談
섬	진	진	찬	승	소	세	초	다	담
土	土	金	金	土	金	金	金	木	金

郯	墰	嶙	耦	葉	瑩	耦	糅	鋆	閏
담	담	린	우	엽	영	우	유	윤	윤
土	土	土	金	木	金	金	木	金	火

闇	餉	慧	暳	嘩	萱	輝	翬	麾	愍
은	향	혜	혜	화	훤	휘	휘	휘	민
金	水	火	火	土	木	火	火	木	火

腱	溓	嶔
건	건	금
水	水	土

두 번째 자(11획)

紹	偰	敘	梛	率	訝	迓	埮	啿	浬
소	설	서	나	솔	아	아	담	담	리
木	火	金	木	火	金	土	土	水	水

娿	若	累	崙	筭	胤	垠	訢	珥	偕
아	야	루	륜/윤	령/영	윤	은	은	이	해
土	木	木	土	木	水	金	金	金	火

烯	离	英	啊	研	涔	寀	砦	玼	珗
희	리	영	아	연	잠	채	채	체	선
火	火	木	水	金	水	木	金	金	金

璹	敏	芪	罠	琽	彬	曹	畫	彩	焌
주	민	민	민	보	빈	조	주	채	준
金	金	木	木	金	火	土	火	火	火

婇	阡	珒	袋	梗	絅	竟	乾	頃	苛
채	천	진	대	경	경	경	건	경	가
土	土	金	木	木	木	金	金	火	木

마지막 자(4획)

井	中	支	之	少	升	止	丹	円	斗
정	중	지	지	소	승	지	단	엔	두
水	土	土	土	水	木	土	火	土	火

內	太	尹	元	牙	五	曰	引	壬	云
내	태	윤	원	아	오	왈	인	임	운
木	木	水	木	金	土	火	火	水	水

木	文	以	比	仁	兮	日	化	爪	今
목	문	이	비	인	혜	일	화	조	금
木	木	火	火	火	金	火	火	金	火

爻
효
火

마지막 자(10획)

芟	芧	洗	閃	城	笑	素	殊	修	俺
삼	서	선	섬	성	소	소	수	수	엄
木	木	水	木	土	木	木	水	火	火

芽	峸	娥	乘	時	宰	栓	庭	釘	曺
아	성	아	승	시	재	전	정	정	조
木	土	土	火	火	木	木	木	金	土

笊	租	衍	芮	容	祐	員	員	倧	隼
조	조	연	예	용	우	원	운	종	준
木	木	水	木	木	金	水	水	火	火

厝	芝	祇	牁	砥	持	芫	釉	恩	殷
조	지	지	지	지	지	원	유	은	은
金	木	木	土	金	木	木	木	火	金

浪	夏	咼	娊	紙	洔	芷	眞	珍	晋
은	하	향	현	지	지	지	진	진	진
水	火	火	土	木	水	木	木	金	火

晉	芦	俰	效	烜	唏	訑	玹	訓	借
진	호	화	효	훤	희	이	현	훈	차
火	木	火	金	火	水	金	金	金	火

倉	們	紋	洣	洑	芘	芭	砏	祕	紕
창	문	문	미	보	비	파	팽	필	비
火	火	木	水	水	木	木	金	金	木

晁	洙	芙	衾	虔	耕	耿	哥	芩	笒
조	수	부	금	건	경	경	가	금	금
火	水	木	木	木	土	火	水	木	木

徑	哽	珂	肥	珉	拿	妞	紐	祖	祢
경	경	가	비	민	나	나	뉴/유	뉴/유	니
火	水	金	水	金	木	水	木	木	木

爹	倓	烔	玳	倒	洞	玲	倫	珆	祚
다	담	동	대	도	동	령/영	륜/윤	태	조
木	火	火	金	火	水	金	火	金	金

娜
나
土

標	표	木
葛	갈	木
郭	곽	土
慶	경	火
鴌	궉	火
魯	노	水
褸	루	木
董	동	木
萬	만	木
墨	묵	土
廣	광	木
歐	구	金
司馬	사마	水火
葉	엽	木
葉	섭	木
影	영	火
劉	유	金
長谷	장곡	木金
增	증	土

| 漢 | 한 | 水 |
| 鴌 | 궉 | 火 |

길한 조합수리

15-10-6	15-10-8	15-10-14

두 번째 자(10획)

浌	紋	粃	們	紕	珉	峨	哦	芽	娥
보	문	비	문	비	민	아	아	아	아
水	木	木	火	木	金	土	水	木	土

衍	祐	員	員	原	紬	崟	圓	浪	恩
연	우	원	운	원	유	은	은	은	은
水	金	水	水	土	木	金	水	水	火

芦	夏	晐	娊	花	俰	效	烜	唏	娜
호	하	해	현	화	화	효	훤	희	나
木	火	火	土	木	火	金	火	水	土

拿	挐	袈	紐	袓	爹	倓	玳	倒	洞
나	나	나	뉴/유	뉴/유	다	담	대	도	동
水	水	水	木	木	木	火	金	火	水

炯	凍	玲	秢	倫	珆	芩	衾	秒	淸
동	동	령/영	령/영	륜/윤	태	금	금	초	청
火	水	金	木	火	金	木	木	金	水

倉	秦	晋	晉	隼	株	拵	租	庭	釘
창	진	진	진	준	주	존	조	정	정
火	木	火	火	火	木	木	木	木	金

栽	晁	厝	祚	肥	渼	哿	珂	耿	耕
재	조	조	조	비	미	가	가	경	경
木	火	金	金	水	水	水	金	火	土

虔	笒	恕	紓	茅	舸	徐	祏	洗	剡
건	금	서	서	서	지	서	석	선	섬
木	木	火	木	木	土	火	木	水	金

閃	笑	修	曹	倧	酎	芝	乘	砥	祇
섬	소	수	조	종	주	지	승	지	지
木	木	火	土	火	金	木	火	金	木

洔	秖	紙	眞	珍
지	지	지	진	진
水	木	木	木	金

마지막 자(6획)

伍	曳	宇	有	而	向	好	丞	名	朴
오	예	우	유	이	향	호	승	명	박
火	金	木	水	水	水	土	木	水	木

西	先	亘	戍	收	在	全	汀	早	朱
서	선	선	수	수	재	전	정	조	주
金	木	火	金	金	土	土	水	火	木

州	旨	至	多	件	光	百	妃	色	舌
주	지	지	다	건	광	백	비	색	설
水	火	土	水	火	火	水	土	土	水

仵	唔	衣	伊	印	因	兆	此	亥	尖
오	오	의	이	인	인	조	차	해	첨
火	火	木	火	木	水	火	土	水	金

打	回	米	吁	休	后	卉
정	회	미	우	휴	후	훼
木	水	木	水	火	水	木

尭	艾	妸	亞	娿	柕	昂	奄	旿	沃
연	예/애	아	아	아	아	앙	엄	오	옥
土	木	土	火	土	木	火	水	火	水

杬	杭	忨	旰	孟	沄	沅	杬	侑	臾
와	완	완	우	우	운	원	원	유	유
木	木	火	木	金	水	水	木	火	土

昀	沇	咍	享	呟	呼	和	効	昍	玗
윤	윤	해	향	현	호	화	효	훤	우
火	水	水	土	水	水	水	土	火	金

昇	承	歪	命	明	武	門	味	旻	杯
승	승	승	명	명	무	문	미	민	배
火	木	土	水	火	金	木	水	火	木

奈	杻	忸	呢	炎	宝	岱	垈	步	甫
나	뉴/유	뉴/유	니	담	보	대	대	보	볼
火	木	火	水	火	金	土	土	土	木

府	枇	尙	昔	所	松	受	庚	京	政
부	비	상	석	소	송	수	경	경	정
木	木	金	火	木	木	水	金	土	火

定	征	呵	宗	宙	周	沚	泜	知	找
정	정	가	종	주	주	지	지	지	조
木	火	水	木	木	水	水	水	土	木

采	青	岀	坮	東	來	雨	兩	姈	呤
채	청	초	대	동	래	우	량/양	령/영	령/영
木	木	土	土	木	木	水	土	土	水

岭	侖	矸	林	汰	沔	汶	炆	非	沘
령/영	륜/윤	간	림	태	면	문	문	비	비
土	火	金	木	水	水	水	火	水	水

批	佳	旼	岷	忞	坷	吟	炅
비	가	민	민	민	가	금	경
木	火	火	土	火	土	火	火

마지막 자(14획)

榮	潵	碬	蝦	嘒	華	瑀	鉷	酵	滕
영	은	하	하	혜	화	우	홍	효	승
木	水	金	水	水	木	金	金	金	木

瑉	誣	瑞	碟	韶	齋	滓	溨	誌	綵
민	무	서	설	소	재	재	재	지	채
金	金	金	金	金	土	水	水	金	木

馜	睷	銀
니	건	은
木	木	金

16획 성씨

橋	교	木
盧	노	水
賴	뇌	金
頭	두	火
陶	도	土
都	도	土
道	도	土
陸	육	土
龍	용	土
潘	반	水
燕	연	火
陰	음	土
錢	전	金
諸	제	金
陳	진	土
興	흥	土
皇甫	황보	金水
潭	담	水
霍	곽	水

16-8-5	16-8-7	
16-8-9	16-8-15	16-8-17

두 번째 자(8획)

尙	所	松	受	承	昇	丞	典	佺	政
상	소	송	수	승	승	승	전	전	정
金	木	木	水	木	火	土	金	火	火

定	佻	找	宙	周	沚	知	泜	坻	枃
정	조	조	주	주	지	지	지	지	진
木	火	木	木	水	水	土	水	土	木

采	靑	峀	取	旽	炒	奈	杻	怓	呢
채	청	초	취	훤	초	나	뉴/유	뉴/유	니
木	木	土	木	火	火	火	木	火	水

炎	岱	坮	東	兩	呤	岭	侖	林	岦
담	대	대	동	량/양	령/영	령/영	륜/윤	림	립
火	土	土	木	土	水	土	火	木	土

庚	佳	味	門	汶	炆	扺	旼	旻	岷
경	가	미	문	문	문	문	민	민	민
金	火	水	木	水	火	木	火	火	土

沘	枇	武	宝	甹	京	坷	呵	炅	矸
비	비	무	보	볼	경	가	가	경	안
水	木	金	金	木	土	土	水	火	金

枒	娿	亞	妸	沄	昂	艾	兖	杬	忨
아	아	아	아	운	앙	예/애	연	완	완
木	土	火	土	水	火	木	土	木	火

枉	汪	昀	沇	哈	享	炫	呼	昊	和
왕	왕	윤	윤	해	향	현	호	호	화
木	水	火	水	水	土	土	水	火	水

旺	個	効	姁	玗	枋	昉	杯	扶	坡
왕	회	효	후	우	방	방	배	부	파
火	火	土	土	金	木	火	木	木	土

表	汰	步
표	태	보
木	水	土

마지막 자(5획)

承	世	召	叮	主	只	全	札	仟	未
승	세	소	정	주	지	동	찰	천	미
木	火	水	水	木	水	火	木	火	木

巨	去	代	玄	可	甘	甲	白	庀	申
거	거	대	현	가	감	갑	백	비	신
火	水	火	火	水	土	木	金	木	金

玉	永	央	仙	由	以	必
옥	영	앙	선	유	이	필
金	水	土	火	木	火	火

마지막 자(7획)

床	序	汐	成	忕	邵	劭	秀	岑	扗
상	서	석	성	세	소	소	수	잠	재
木	木	水	火	火	火	木	木	土	木

玎	町	助	卓	址	志	池	辰	杆	初
정	정	조	조	지	지	지	진	간	초
金	土	土	水	土	火	水	土	木	金

我	何	亜	冶	言	延	姸	吾	吳	汙
아	하	아	야	언	연	연	오	오	오
金	火	火	水	金	木	土	水	水	水

妠	佑	旴	杇	姀	攸	听	圻	杝	李
완	우	우	우	운	유	은	은	이	이
土	火	火	木	木	金	水	土	木	木

呀	扞	汗	更	伽	妗	見	夾	亨	汞
하	한	한	경	가	금	현	협	형	홍
水	木	水	金	火	土	火	木	土	水

希	免	名	步	甫	庇
희	면	명	보	보	비
木	木	水	土	水	木

마지막 자(9획)

宣	叙	契	帥	乶	前	貞	訂	侹	帝
선	서	설	솔	솔	전	정	정	정	제
木	金	木	木	木	金	金	金	火	木

柱	炷	注	酊	祉	枳	泜	泉	泥	柅
주	주	주	정	지	지	지	천	니	니
木	火	水	金	木	木	水	水	水	木

奈	拏	南	怜	柳	俐	俚	泰	俄	砑
나	나	남	령/영	류/유	리	리	태	아	아
木	水	火	火	木	火	火	水	火	金

殃	彦	兗	姸	泳	映	栐	俉	玩	禹
앙	언	연	연	영	영	영	오	완	우
水	火	土	土	水	火	木	火	金	土

竽	紆	垣	爰	貟	宥	柚	泑	玧	垠
우	우	원	원	원	유	유	유	윤	은
木	木	土	木	金	木	木	水	金	土

音	姨	河	昰	哥	抲	畊	建	香	泫
음	이	하	하	하	하	경	건	향	현
金	土	水	火	金	木	土	木	木	火

炫	眩	芋	紅	泓	奐	厚	侯	垕	俙
현	현	우	홍	홍	환	후	후	후	희
火	火	木	木	水	木	土	火	土	火

哇	面	美	敃	炦
희	면	미	민	별
水	火	土	金	火

마지막 자(15획)

調	瑨	贊	締	槏	鄝	壜	談	儋	院
조	진	찬	체	다	담	담	담	담	원
金	金	金	木	木	土	土	金	火	土

嶔	餉	慧	暳	澘	嘩	萱	輝	麾	翬
금	향	혜	혜	건	화	훤	휘	휘	휘
土	水	火	火	水	水	木	火	木	火

頡	陞	闇
힐	승	윤
火	土	火

마지막 자(17획)

賽	鍾	澹	郿	嶬	櫃	鍵	壎	徽	禧
새	종	담	운	은	가	건	훈	휘	희
金	金	水	土	土	木	金	土	火	木

17획 성씨

鞠	국	金
襄	양	木
蔣	장	木
鍾	종	金
蔡	채	木
鄒	추	土
韓	한	金
獨	독	水
謝	사	金
嘗	상	水
遜	손	土
陽	양	土
蓮	연	土
蔚	위	木
燭	촉	火
澤	택	水

길한 조합수리

17-12-6	17-12-12	
17-8-7	17-8-8	17-8-16

두 번째 자(12획)

堯	寓	雲	阮	媛	鈗	阭	閏	貽	羡
요	우	운	원	원	윤	윤	윤	이	이
土	木	水	土	土	金	土	火	金	土

軻	胒	貳	賀	厦	晛	絢	琄	惠	傒
가	이	이	하	하	현	현	현	혜	혜
火	水	金	金	土	木	木	金	火	火

皓	淏	硬	畫	喉	堠	勛	喧	稀	喜
호	호	경	화	후	후	훈	훤	희	희
金	水	金	木	水	土	火	水	木	水

街	迦	景	誃	朘	捺	童	胴	峝	棟
가	가	경	나	나	날	동	동	동	동
土	土	火	木	水	木	金	水	木	木

登	涼	輄	琉	淪	掄	覃	毯	淡	噡
등	량/양	령/영	류/유	륜/윤	륜/윤	담	담	담	담
火	水	火	金	水	木	金	火	水	水

犂	舜	淋	琳	棽	迨	邰	跆	鈦	閔
리	린	림	림	림	태	태	태	태	민
土	木	水	火	木	土	土	土	金	木

悶	勖	堡	備	雯	舒	筅	智	勝	稅
민	별	보	비	문	서	선	지	승	세
火	土	土	火	水	火	木	火	土	木

邵	酥	傃	荃	証	済	竣	倧	絑	診
소	소	소	전	정	제	준	종	주	진
土	金	火	木	金	水	土	火	木	金

淐	唱	棌	清	晴	硝	硪	硪	椏	渶
창	창	채	청	청	초	아	아	아	영
水	火	木	水	火	金	金	金	木	水

煐	絳	硬	晛	阮
영	강	경	현	완
火	木	金	木	土

마지막 자(6획)

宇	羽	有	因	印	仰	安	穵	羊	伍
우	우	유	인	인	앙	안	알	양	오
木	火	水	水	木	火	木	水	土	火

先	亘	亥	好	早	至	此	仵	同	舌
선	선	해	호	조	지	차	오	동	설
木	火	水	土	火	土	土	火	水	水

州	旨	件	丞	卉	休	汀	后	吁	米
주	지	건	승	훼	휴	정	후	우	미
水	火	火	木	木	火	水	水	水	木

回	向	存	兆	打	色	光	多	妃	衣
회	향	존	조	정	색	광	다	비	의
水	水	木	火	木	土	火	水	土	木

伊
이
火

마지막 자(12획)

媛	阮	鈗	院	閏	貽	椏	峨	雅	硯
원	원	윤	윤	윤	이	아	아	아	연
土	土	金	土	火	金	木	金	火	金

渶	煐	詠	堯	寓	喩	賀	厦	琄	睍
영	영	영	요	우	유	하	하	현	현
水	火	金	土	木	水	金	土	金	木

絢	惠	傒	傃	喧	稀	喜	済	絩	閔
현	혜	혜	소	훤	희	희	제	조	민
木	火	火	火	水	木	水	水	木	木

阯	診	趁	朕	淐	鈔	景	迦	訶	硬
지	진	진	짐	창	초	경	가	가	경
土	金	火	水	水	金	火	土	金	金

胴	胮	朒	捺	鈕	茶	毯	覃	啿	淡
동	나	나	날	뉴/유	다	담	담	담	담
水	木	水	木	金	木	火	金	水	水

童	凍	淪	掄	犁	淋	粦	邰	跆	舒
동	동	륜/윤	륜/윤	리	림	린	태	태	서
金	水	水	木	土	水	木	土	土	火

琁	盛	稅	貰	程	珵	悰	淙	註	絑
선	성	세	세	정	정	종	종	주	주
金	火	木	金	木	金	火	水	金	木

竣	智	唱	採	棌	清	硝	迢	草	超
준	지	창	채	채	청	초	초	초	초
土	火	火	木	木	水	金	土	木	土

街
가
土

吟	金	承	昇	丞	受	所	松	妸	亞
금	금	승	승	승	수	소	송	아	아
火	金	木	火	土	水	木	木	土	火

妿	枒	秄	典	政	兗	定	徂	宗	周
아	아	자	전	정	연	정	조	종	주
土	木	木	金	火	土	木	火	木	水

昂	艾	侑	臾	侏	沚	知	昌	靑	采
앙	예	유	유	주	지	지	창	청	채
火	木	火	土	火	水	土	火	木	木

杪	侖	呦	羌	找	佻	岧	炒	抄	取
초	륜/윤	유	강	조	조	초	초	초	취
木	火	木	土	木	火	土	火	木	木

奈	奈	杻	忸	盂	旴	沄	沅	呢	炎
나	내	뉴/유	뉴/유	우	우	운	원	니	담
火	火	木	火	金	木	水	水	水	火

岱	坮	到	東	來	兩	雨	杬	杭	昀
대	대	도	동	래	량	우	원	완	윤
土	土	金	木	木	土	水	木	木	火

沇	学	哈	享	呟	玆	佳	呼	昊	和
윤	학	해	향	현	현	가	호	호	화
水	水	水	土	水	土	火	水	火	水

効	旽	門	沔	命	明	武	味	旻	旼
효	훤	문	면	명	명	무	미	민	민
土	火	木	水	水	火	金	水	火	火

岷	忞	宝	勇	非	枇	沘	炅	坷	呵
민	민	보	볼	비	비	비	경	가	가
土	火	金	木	水	木	水	火	土	水

京	庚	炆	汶
경	경	문	문
土	金	火	水

마지막 자(7획)

何	亜	姸	延	汗	完	坑	会	攸	听
하	아	연	연	오	완	완	운	유	은
火	火	土	木	水	木	土	木	金	水

李	呀	岈	我	見	見	每	免	伴	甫
리/이	하	하	아	현	견	매	면	반	보
木	水	土	金	火	火	土	木	火	水

希	男	吴	豆	杜	良	里	利	秀	扗
희	남	대	두	두	량/양	리	리	수	재
木	火	火	木	木	土	土	金	木	木

材	甸	吮	玎	呈	助	皁	住	走	池
재	전	전	정	정	조	조	주	주	지
木	火	水	金	水	土	水	火	火	水

址	吱	坁	辰	車	初	庀	冏	妗
지	지	지	진	차	초	비	경	금
土	水	土	土	火	金	木	火	土

마지막 자(8획)

和	妸	昇	承	㿖	奄	兗	咏	汭	杬
화	아	승	승	승	엄	연	영	예	완
水	土	火	木	土	水	土	水	水	木

忨	沅	旿	盂	沄	侑	玗	沇	哈	享
완	원	우	우	운	유	우	윤	해	향
火	水	木	金	水	火	金	水	水	土

炫	呼	効	姁	旺	炘	昕	妹	明	門
현	호	효	후	훤	흔	흔	매	명	문
土	水	土	土	火	火	火	土	火	木

采	旼	旻	宝	甹	枇	泌	奈	杻	忸
미	민	민	보	볼	비	비	나	뉴/유	뉴/유
土	火	火	金	木	木	水	火	木	火

炎	呢	玒	岱	垈	到	東	枓	來	兩
담	니	강	대	대	도	동	두	래	랑
火	水	金	土	土	金	木	木	木	土

雨	姈	侖	所	受	松	佺	政	定	找
우	령/영	륜/윤	소	수	송	전	정	정	조
水	土	火	木	水	木	火	火	木	木

佻	宗	宙	沚	知	泜	怟	坻	构	采
조	종	주	지	지	지	지	지	진	채
火	木	木	水	土	水	火	土	木	木

岧	取	侈	庚	岡	汶	京	佳	炆	扷
초	취	치	경	강	문	경	가	문	문
土	木	火	金	土	水	土	火	火	木

岷	忞	炒	徂	坷	呵	炅	昑
민	민	초	조	가	가	경	금
土	火	火	火	土	水	火	火

마지막 자(16획)

陞	錂	蹇	輝	櫚	潤	儓	嗬	學	諧
승	완	건	운	윤	윤	은	하	학	해
土	金	土	金	木	水	火	水	水	金

嶰	廨	樺	澕	誼	諱	橲	壇	錟	潭
해	해	화	화	훤	휘	희	단	담	담
土	木	木	水	金	金	木	土	金	水

曈	龍	陸	璃	潾	燐	燒	諸	蹄	踶
동	용	육	리	린	린	소	제	제	제
火	土	土	金	水	火	火	金	土	土

褧
경
木

18획 성씨

簡	간	木
綱切	강절	木金
魏	위	土
鎬	호	金
瞿	구	木
顔	안	火
鞦	추	金

길한 조합수리

18-11-6	18-6-7	18-6-11

두 번째 자(11획)

訝	婀	迓	啊	娾	若	若	迎	晤	釪
아	아	아	아	아	야	약	영	오	우
金	土	土	水	土	木	木	土	火	金

偶	珢	訢	偕	絃	浹	彗	晧	烯	敏
우	은	은	해	현	협	혜	호	희	민
火	金	金	火	木	水	火	火	火	金

茛	堈	密	珤	彬	袋	假	苛	笴	乾
민	강	밀	보	빈	대	가	가	가	건
木	土	木	金	火	木	火	木	木	金

健	梗	絏	珗	偰	紹	率	袖	涏	曹
건	경	설	선	설	소	솔	수	정	조
火	木	木	金	火	木	火	木	水	土

從	紬	硃	彩	砦	寀	釵	婇	玼	鈔
종	주	주	채	채	채	채	채	체	초
火	木	金	火	火	木	金	土	金	金

偢	梛	啖	浪	梁	婁	崙	离	售	晟
초	나	담	랑	량/양	루	륜/윤	리	수	성
火	木	水	水	木	土	土	火	水	火

敍	酖	笝	苔	悛	偵	胙	珠	趾	
서	탐	태	태	전	정	조	주	지	
金	金	木	木	火	火	水	金	土	

마지막 자(6획), 두 번째 자(6획)

安	仰	羊	宇	有	耳	印	志	合	亥
안	앙	양	우	유	이	인	인	합	해
木	火	土	木	水	火	木	火	水	水

行	向	好	回	后	卉	吃	先	舌	戍
행	향	호	회	후	훼	흘	선	설	수
火	水	土	水	水	木	水	木	水	金

旬	戌	在	全	汀	灯	朱	州	朴	百
순	술	재	전	정	정	주	주	박	백
火	土	土	土	水	火	木	水	木	水

妃	丞	此	旨	多	同	件	吁	伊
비	승	차	지	다	동	건	우	이
土	木	土	火	水	水	火	水	火

마지막 자(11획)

敍	偰	砦	婇	阡	玼	珗	設	珘	珒
서	설	채	채	천	체	선	설	주	진
金	火	金	土	土	金	金	金	金	金

埮	啖	袋	离	崙	苓	訝	婀	宋	釵
담	담	대	리	륜/윤	령/영	아	아	채	채
土	水	木	火	土	木	金	土	木	金

啊	鈔	俅	梛	浪	梁	婁	售	紹	晟
아	초	초	나	랑	량/양	루	수	소	성
水	金	火	木	水	木	土	水	木	火

酖	笞	苔	悛	偵	胙	珠	趾
탐	태	태	전	정	조	주	지
金	木	木	火	火	水	金	土

두 번째 자(6획)

亥	行	好	回	向	先	舌	戍	旬	汀
해	행	호	회	향	선	설	수	순	정
水	火	土	水	水	木	水	金	火	水

灯	朱	州	丞	此	多	同	伊	吁	卉
정	주	주	승	차	다	동	이	우	훼
火	木	水	木	土	水	水	火	水	木

印	兆	因	妃	仵	后
인	조	인	비	오	후
木	火	水	土	火	水

마지막 자(7획)

夽	何	呀	扞	見	見	夾	亨	汞	希
운	하	하	한	견	현	협	형	홍	희
木	火	水	木	火	火	木	土	水	木

序	成	劭	邵	秀	玎	呈	廷	皁	走
서	성	소	소	수	정	정	정	조	주
木	火	木	火	木	金	水	木	水	木

住	志	池	址	坁	辰	車	初	免	步
주	지	지	지	지	진	차	초	면	보
火	火	水	土	土	土	火	金	木	土

庇	伴	坊	甫	伽	冏	更	妗	杠	我
비	반	방	보	가	경	경	금	강	아
木	火	土	水	火	火	金	土	木	金

局	昊	里	李	吾	材	佃	町
국	대	리	리/이	오	재	전	정
木	火	土	木	水	木	火	土

마지막 자(11획)

敘	偰	紹	率	袖	彩	砦	媟	阡	玼
서	설	소	솔	수	채	채	채	천	체
金	火	木	火	木	火	金	土	土	金

珗	設	珘	珒	梛	浬	啖	埮	啿	售
선	설	주	진	나	리	담	담	담	수
金	金	金	金	木	水	水	土	水	水

离	崙	苓	訝	婀	迓	啊	婭	乾	若
리	륜/윤	령/영	아	아	아	아	아	건	약/야
火	土	木	金	土	土	水	土	金	水

研	英	胤	珢	訢	珥	偕	烯	曹	敏
연	영	윤	은	은	이	해	희	조	민
金	木	水	金	金	金	火	火	土	金

苠	珤	珽	彬	婁	梗	絅	竟	乾	頃
민	보	보	빈	루	경	경	경	건	경
木	金	金	火	土	木	木	金	金	火

苛	涔	晝	焌	埰	袋
가	잠	주	준	채	대
木	水	火	火	土	木

19획 성씨

疆	강	土
羅	라	木
譚	담	金
龐	방	土
魚金	어금	水金
鄭	정	土
南宮	남궁	火木
關	관	木
蘊	온	木
再會	재회	木木

길한 조합수리

19-12-4	19-12-6	
19-13-5	19-13-16	19-13-20
19-6-10	19-6-12	

胗	胅	捺	鈕	茶	單	淡	喍	毯	答
나	나	날	뉴/유	다	단	담	담	담	답
木	水	木	金	木	水	水	水	火	木

琅	稌	童	棟	胴	軡	琉	淪	掄	犁
랑	도	동	동	동	령/영	류/유	륜/윤	륜/윤	리
金	木	金	木	水	火	金	水	木	土

粦	淋	琳	棽	邰	鈦	迨	雅	峨	硪
린	림	림	림	태	태	태	아	아	아
木	水	火	木	土	金	土	火	金	金

椏	焢	渶	珸	堯	寓	雲	媛	阮	惟
아	영	영	오	요	우	운	원	원	유
木	火	水	金	土	木	水	土	土	火

閏	鈗	阭	羡	壹	賀	厦	絢	睍	琄
윤	윤	윤	이	일	하	하	현	현	현
火	金	土	土	木	金	土	木	木	金

梋	惠	傒	皓	湨	畫	勛	硬	喧	稀
현	혜	혜	호	호	화	훈	경	훤	희
木	火	火	金	水	木	火	金	水	木

閔	悶	勛	堡	備	普	街	迦	訶	景
민	민	별	보	비	보	가	가	가	경
木	火	土	土	火	火	土	土	金	火

筅	舒	智	惜	晳	城	稅	勝	邵	竦
선	서	지	석	석	성	세	승	소	송
木	火	火	火	火	金	木	土	土	金

茱	琇	情	絩	措	尊	淙	竣	悰	註
수	수	정	조	조	존	종	준	종	주
木	金	火	木	木	木	水	土	火	金

絑	說	阯	診	採	棌	惝	淌	唱	淐
주	주	지	진	채	채	창	창	창	창
木	金	土	金	木	木	火	水	火	水

敞	淸	晴	棣	硝	脆	跆	覃	掉	茼
창	청	청	체	초	취	태	담	도	동
金	水	火	木	金	水	土	金	木	木

涷	惏
동	람
水	火

마지막 자(4획)

円	友	云	元	仁	尤	尹	引	日	兮
엔	우	운	원	인	유	윤	인	일	혜
土	水	水	木	火	木	水	火	火	金

戶	井	爪	戊	文	反	方	夫	父	分
호	정	조	무	문	반	방	부	부	분
木	水	金	土	木	水	土	木	木	金

比	匹	今	手	升	支	止	之	內	丹
비	필	금	수	승	지	지	지	내	단
火	水	火	木	木	土	土	土	木	火

太	化	禾	少	中
태	화	화	소	중
木	火	木	水	土

마지막 자(6획)

有	丞	汀	打	早	州	名	米	朴	百
유	승	정	정	조	주	명	미	박	백
水	木	水	木	火	水	水	木	木	水

伏	件	先	舌	在	全	朱	旨	至	此
복	건	선	설	재	전	주	지	지	차
火	火	木	水	土	土	木	火	土	土

同	卉	休	后	吁	回	好	因	向	尖
동	훼	휴	후	우	회	호	인	향	첨
水	木	火	水	水	水	土	水	水	金

亥	印	存	兆	光	多	伊
해	인	존	조	광	다	이
水	木	木	火	火	水	火

두 번째 자(13획)

諵	湍	煓	碓	勢	裏	琳	渲	揲	筬
나	단	단	대	세	리	림	선	설	성
金	水	火	金	金	木	金	水	木	木

塐	嗉	窣	脧	詮	綎	靖	琱	湊	廈
소	소	솔	승	전	정	정	조	주	하
土	水	水	土	金	木	金	金	水	木

斟	粲	焠	楚	琴	稠	愍	暋	銀	魝
짐	찬	채	초	금	조	민	민	민	별
火	木	金	木	金	木	火	火	金	木

琵	睥	莪	阿	衙	鉉	愆	鉛	瑛	惘
비	비	아	아	아	현	건	연	영	우
金	木	木	土	火	金	火	金	金	火

惲	韵	湲	援	愉	瑜	荺	煇	間	煆
운	운	원	원	유	유	윤	윤	하	하
火	金	水	木	火	金	木	火	木	火

解	楷	徯	湖	話	迴	逅	塤	暄	煊
해	해	혜	호	화	회	후	훈	훤	훤
木	木	火	水	金	土	土	土	火	火

楎	揮	暉	煇	煒	楗	賈	詰	湕	揵
휘	휘	휘	휘	휘	건	가	힐	건	건
木	木	火	火	火	木	金	金	土	木

嫁	愆
가	건
土	火

마지막 자(5획)

石	仙	屳	世	召	永	仔	田	正	主
석	선	선	세	소	승	자	전	정	주
金	火	火	火	水	木	火	土	土	木

札	旦	代	令	仝	以	玄	乎	弘	戊
찰	단	대	령/영	동	이	현	호	홍	무
木	火	火	火	火	火	火	金	土	土

未	民	白	可	只	生	申	仟	仒	右
미	민	백	가	지	생	신	천	동	우
木	火	金	水	水	木	金	火	水	水

由	央
유	앙
木	土

마지막 자(16획)

璇	璪	諄	頲	諸	蹄	踶	潮	逎	縝
선	소	정	정	제	제	제	조	주	진
金	金	金	火	金	土	土	水	土	木

樵	陹	錏	陳	蓁	勳	憵	錟	潭	橦
초	승	아	진	진	훈	니	담	담	동
木	土	金	土	木	火	火	金	水	木

璃	潾	燐	撛	橉	霖	穅	瞳	曄	錈
리	린	린	린	린	림	강	동	엽	원
金	水	火	木	木	水	木	火	火	金

遊	輝	橍	儓	遐	鍜	閜	諧	廨	嶰
유	운	윤	은	하	하	하	해	해	해
土	金	木	火	土	火	水	金	木	土

樺	澕	諠	諼	禧	潣	薇	陴	褧	暻
화	화	훤	훤	희	민	비	비	경	경
木	水	金	金	木	水	木	土	木	火

榮	熲	黅	踺	橄
경	경	금	건	경
木	火	土	土	木

마지막 자(20획)

贍
섬
金

두 번째 자(6획)

宇	伍	曳	仰	安	有	而	好	后	朴
우	오	예	앙	안	유	이	호	후	박
木	火	金	火	木	水	水	土	水	木

百	牝	州	兆	汀	亘	戌	丞	在	全
백	빈	주	조	정	선	술	승	재	전
水	土	水	火	水	火	金	木	土	土

早	朱	至	此	次	卉	休	吁	米	回
조	주	지	차	차	훼	휴	우	미	회
火	木	土	土	火	木	火	水	木	水

向	亥	存	杆	光	妃	多	色	舌	衣
향	해	존	정	광	비	다	색	설	의
水	水	木	木	火	土	水	土	水	木

伊
이
火

마지막 자(10획)

芟	芧	洗	閃	城	笑	素	殊	修	持
삼	서	선	섬	성	소	소	수	수	지
木	木	水	木	土	木	木	水	火	木

乘	時	宰	栓	庭	釘	曹	竾	租	倧
승	시	재	전	정	정	조	조	조	종
火	火	木	木	木	金	土	木	木	火

隼	厝	芝	祇	舸	砥	紙	芘	肥	洑
준	조	지	지	지	지	지	비	비	보
火	金	木	木	土	金	木	木	水	水

珉	洣	洔	袛	芷	眞	借	珍	晋	晉
민	미	지	지	지	진	차	진	진	진
金	水	水	木	木	木	火	金	火	火

倉	拿	翆	紐	祖	爹	倓	烔	玳	倒
창	나	나	뉴/유	뉴/유	다	담	동	대	도
火	木	水	木	木	木	火	火	金	火

洞	凍	玲	衍	秴	倫	珆	晁	祚	衾
동	동	령/영	연	령/영	륜/윤	태	조	조	금
水	水	金	水	木	火	金	火	金	木

峨	虔	耕	耿	哥	芩	笒	徑	哽	珂
아	건	경	경	가	금	금	경	경	가
土	木	土	火	水	木	木	火	水	金

哿	俺	芽	倁	候	煊	唏
가	엄	아	화	후	훤	희
水	火	木	火	火	火	水

마지막 자(12획)

閔	鈗	雲	竣	犂	粦	淋	訶	軻	硬
민	윤	운	준	리	린	림	가	가	경
木	金	水	土	土	木	水	金	火	金

街	迦	景	淡	毯	採	挐	胗	捺	鈕
가	가	경	담	담	채	나	나	날	뉴/유
土	土	火	水	火	木	木	水	木	金

茶	單	噡	答	絳	稌	童	棟	胴	琅
다	단	담	답	강	도	동	동	동	랑
木	水	水	木	木	木	金	木	水	金

輪	琉	淪	掄	琳	棽	邰	鈦	迨	雅
령/영	류/유	륜/윤	륜/윤	림	림	태	태	태	아
火	金	水	木	火	木	土	金	土	火

峨	硪	椏	煐	渶	珸	堯	寓	媛	阮
아	아	아	영	영	오	요	우	원	원
金	金	木	火	水	金	土	木	土	土

惟	閏	阭	羡	壹	賀	厦	絢	晛	琄
유	윤	윤	이	일	하	하	현	현	현
火	火	土	土	木	金	土	木	木	金

楥	惠	傒	皓	湨	畫	勛	喧	稀	悶
현	혜	혜	호	호	화	훈	훤	희	민
木	火	火	金	水	木	火	水	木	火

勘	堡	備	普	筅	舒	智	惜	晳	珹
별	보	비	보	선	서	지	석	석	성
土	土	火	火	木	火	火	火	火	金

稅	勝	邵	辣	茱	琇	情	絩	措	尊
세	승	소	송	수	수	정	조	조	존
木	土	土	金	木	金	火	木	木	木

淙

종

水

20획 성씨

鮮于	선우	水水
嚴	엄	水
釋	석	火

길한 조합수리

20-9-4	20-9-9	20-12-5

두 번째 자(9획)

俄	砑	兗	楙	映	俉	俣	禹	紆	芋
아	아	연	영	영	오	오	우	우	우
火	金	土	木	火	火	火	土	木	木

宥	柚	垣	爰	貟	兪	玧	垠	昰	帥
유	유	원	원	원	유	윤	은	하	솔
木	木	土	土	金	土	金	土	火	木

乺	柾	炡	柯	河	垓	孩	香	眩	倪
솔	정	정	가	하	해	해	향	현	현
木	木	火	木	水	土	水	木	火	火

炫	俠	泓	炷	奏	拄	柱	哄	厚	侯
현	협	홍	주	주	주	주	홍	후	후
火	火	水	火	木	木	木	水	土	火

垕	咥	叙	契	沼	炤	注	祉	枳	抵
후	희	서	설	소	소	주	지	지	지
土	水	金	木	水	火	水	木	木	木

昶	泉	秒	招	面	美	敃	砇	炦	毗
창	천	초	초	면	미	민	민	별	비
火	水	木	木	火	土	金	金	火	火

枷	建	俓	畊	京	相	泜	首	哉	前
가	건	경	경	경	상	지	수	재	전
木	木	火	土	土	木	水	水	水	金

訂	帝	俎	俊	重	酊	眈	昭	奈	拏
정	제	조	준	중	정	탐	소	나	나
金	木	木	火	土	金	木	火	木	水

咤	耐	柅	泥	怜	柳	俚	玲
타	내	니	니	령/영	류/유	리	림
水	水	木	水	火	木	火	金

마지막 자(4획)

友	云	元	允	引	仁	壬	円	兮	戶
우	운	원	윤	인	인	임	엔	혜	호
水	水	木	土	火	火	水	土	金	木

火	爻	方	斗	太	少	水	火	手	升
화	효	방	두	태	소	수	화	수	승
火	火	土	火	木	水	水	火	木	木

止	化	比	文	火	日	內	丹	之	支
지	화	비	문	화	일	내	단	지	지
土	火	火	木	火	火	木	火	土	土

中	井
중	정
土	水

마지막 자(9획)

禹	垣	爰	柚	泑	玧	垠	音	俄	砑
우	원	원	유	유	윤	은	음	아	아
土	土	土	木	水	金	土	金	火	金

姸	兗	映	昰	柯	香	眩	炫	浤	紅
연	연	영	하	하	향	현	현	현	홍
土	土	火	火	木	木	火	火	水	木

奐	厚	俙	哩	面	敃	美	玟	泮	拌
환	후	희	희	면	민	미	민	반	반
木	土	火	水	火	金	土	金	水	木

炦	毗	柰	拏	南	泥	柅	段	泠	昤
별	비	나	나	남	니	니	단	령/영	령/영
火	火	木	水	火	水	木	金	水	火

柳	俚	玲	泰	酊	宣	契	星	沼	炤
류/유	리	림	태	정	선	설	성	소	소
木	火	金	水	金	火	木	火	水	火

帥	乺	首	前	貞	炡	柾	訂	帝	炷
솔/수	솔	수	전	정	정	정	정	제	주
木	木	水	金	金	火	木	金	木	火

姝	拄	柱	茁	祉	枳	泜	抵	昶	秒
주	주	주	줄	지	지	지	지	창	초
土	木	木	木	木	木	水	木	火	木

枷	柯	建	俓	畊	京
가	가	건	경	경	경
木	木	木	火	土	土

旅	胅	捺	鈕	茶	單	淡	啿	毯	答
나	나	날	뉴/유	다	단	담	담	담	답
木	水	木	金	木	水	水	水	火	木

硬	稌	童	棟	胴	琅	軨	琉	淪	掄
경	도	동	동	동	랑	령/영	류/유	륜/윤	륜/윤
金	木	金	木	水	金	火	金	水	木

犂	粼	淋	晽	棽	邰	鈦	迨	雅	峨
리	린	림	림	림	태	태	태	아	아
土	木	水	火	木	土	金	土	火	金

硪	椏	煐	渶	珸	堯	寓	雲	媛	阮
아	아	영	영	오	요	우	운	원	원
金	木	火	水	金	土	木	水	土	土

惟	閏	鈗	阮	羡	壹	賀	厦	絢	睍
유	윤	윤	윤	이	일	하	하	현	현
火	火	金	土	土	木	金	土	木	木

琄	楦	惠	傒	皓	淏	畫	勛	喧	竣
현	현	혜	혜	호	호	화	훈	훤	준
金	木	火	火	金	水	木	火	水	土

晳	城	稅	勝	邵	竦	茱	琇	情	絩
석	성	세	승	소	송	수	수	정	조
火	金	木	土	土	金	木	金	火	木

措	尊	淙	悰	註	綘	說	阯	診	採
조	존	종	종	주	주	주	지	진	채
木	木	水	火	金	木	金	土	金	木

採	悵	淐	唱	淐	敞	淸	晴	棣	硝
채	창	창	창	창	창	청	청	체	초
木	水	水	火	水	金	水	火	木	金

脆	跆	覃	掉	菄	涷	惏
취	태	담	도	동	동	람
水	土	金	木	木	水	火

마지막 자(5획)

生	石	右	仙	夵	世	召	田	正	主
생	석	우	선	선	세	소	전	정	주
木	金	水	火	火	火	水	土	土	木

申	只	札	仟	可	承	代	冬	玄	令
신	지	찰	천	가	승	대	동	현	령/영
金	水	木	火	水	木	土	水	火	火

立	全	旦	玉	王	由	弘	乎	央	禾
립	동	단	옥	왕	유	홍	호	앙	화
金	火	火	金	金	木	土	金	土	木

戊	未	白	民
무	미	백	민
土	木	金	火

21획 성씨

顧	고	火
藤	등	木
負鼎	부정	金火

길한 조합수리

21-8-8	21-8-16
21-4-12	21-4-14

두 번째 자(8획)

昂	妸	亞	枒	妸	庚	政	定	兖	咏
앙	아	아	아	아	경	정	정	연	영
火	土	火	木	土	金	火	木	土	水

佳	艾	盂	旿	沄	沅	杬	侑	臾	沇
가	예	우	우	운	원	원	유	유	윤
火	木	金	木	水	水	木	火	土	水

昀	隶	份	咍	妶	呼	和	効	旳	明
윤	이	일	해	현	호	화	효	훤	명
火	水	火	水	土	水	水	土	火	火

奈	杻	忸	炎	岱	坮	東	兩	雨	來
나	뉴/유	뉴/유	염	대	대	동	량	우	래
火	木	火	火	土	土	木	土	水	木

姈	呤	侖	林	汏	所	松	受	承	昇
령/영	령/영	륜/윤	림	태	소	송	수	승	승
土	水	火	木	水	木	木	水	木	火

岙	宙	周	峁	炒	杪	炆	知	沚	柟
승	주	주	초	초	초	문	지	지	진
土	木	水	土	火	木	火	土	水	木

采	京	呵	坷	炅	汶	沔	命	徂	佻
채	경	가	가	경	문	면	명	조	조
木	土	水	土	火	水	水	水	火	火

找	宝	夌	枇	沘	旼	門	岷	忞	武
조	보	볼	비	비	민	문	민	민	무
木	金	木	木	水	火	木	土	火	土

마지막 자 (8획)

所	松	受	昇	承	丞	佺	典	政	定
소	송	수	승	승	승	전	전	정	정
木	木	水	火	木	土	火	金	火	木

宙	周	妵	侏	沚	泜	坻	知	杓	采
주	주	주	주	지	지	지	지	진	채
木	水	土	火	水	水	土	土	木	木

靑	岧	杪	炒	妸	枒	庚	佳	找	徂
청	초	초	초	아	아	경	가	조	조
木	土	木	火	土	木	金	火	木	火

佻	呼	和	兗	金	昂	亞	昍	明	炅
조	호	화	연	금	앙	아	훤	명	경
火	水	水	土	金	火	火	火	火	火

呵	坷	咏	艾	盂	旰	沄	杬	沅	命
가	가	영	예	우	우	운	원	원	명
水	土	水	木	金	木	水	木	水	水

沔	京	羌	侑	臾	沇	昀	隶	佾	咍
면	경	강	유	유	윤	윤	이	일	해
水	土	土	火	土	水	火	水	火	水

呟	妶	炆	門	武	効	奈	杻	忸	旼
현	현	문	문	무	효	나	뉴/유	뉴/유	민
水	土	火	木	金	土	火	木	火	火

岷	㤇	汝	炎	岱	坮	吟	東	來	兩
민	민	민	담	대	대	금	동	래	량/양
土	火	水	火	土	土	火	木	木	土

雨	姈	呤	侖	宝	曹	林	汰	沘	枇
우	령/영	령/영	륜/윤	보	볼	림	태	비	비
水	土	水	火	金	木	木	水	水	木

마지막 자 (16획)

鋏	潭	躍	褧	橄	檠	暻	黅
담	담	건	경	경	경	경	금
金	水	土	木	木	木	火	土

두 번째 자(4획)

五	午	予	円	月	尹	允	引	日	尤
오	오	여	엔	월	윤	윤	인	일	우
土	火	金	土	水	水	土	火	火	土

元	云	曰	仁	壬	戶	火	水	之	支
원	운	왈	인	임	호	화	수	지	지
木	水	火	火	水	木	火	水	土	土

夫	比	止	今	丹	太	令	央	井	少
부	비	지	금	단	태	령/영	앙	정	소
木	火	土	火	火	木	火	土	水	水

升	內
승	내
木	木

마지막 자 (12획)

舒	筅	盛	邵	傃	勝	淞	授	婷	証
서	선	성	소	소	승	송	수	정	정
火	木	火	土	火	土	水	木	土	金

珽	済	情	詔	尊	淙	註	竣	硝	阯
정	제	정	소	존	종	주	준	초	지
金	水	火	金	金	水	金	土	金	土

智	唱	棌	採	淸	晴	袲	胗	捼	鈕
지	창	채	채	청	청	나	나	날	뉴/유
火	火	木	木	水	火	木	水	木	金

啿	淡	毯	胴	琅	淶	軨	犁	粦	琳
담	담	담	동	랑	래	령/영	리	린	림
水	水	火	水	金	水	火	土	木	火

淋	梦	鈦	椏	峨	雅	堯	寓	雲	阮
림	림	태	아	아	아	요	우	운	원
水	木	金	木	金	火	土	木	水	土

媛	釉	貳	貽	壹	茵	閔	悶	勛	堡
원	유	이	이	일	인	민	민	별	보
土	金	金	金	木	木	木	火	土	土

備	賀	厦	絢	睍	琄	街	迦	訶	軻
비	하	하	현	현	현	가	가	가	가
火	金	土	木	木	金	土	土	金	火

景	硬	惠	傒	湖	畫	喧	稀
경	경	혜	혜	호	화	훤	희
火	金	火	火	水	木	水	木

마지막 자 (14획)

瑞	韶	溨	禔	燁	境	睷	境
서	소	재	지	엽	경	건	경
金	金	水	木	火	土	木	土

22획 성씨

權	권	木
蘇	소	木
邊	변	土
鑑	감	金
襲	습	木
隱	은	土

길한 조합수리

22-9-7	22-9-16
22-10-7	22-10-13

두 번째 자(9획)

面	敃	炍	毗	玭	玟	砇	枷	柯	俓
면	민	별	비	빈	민	민	가	가	경
火	金	火	火	金	金	金	木	木	火

建	畊	京	俄	砑	殃	彦	兗	映	栐
건	경	경	아	아	앙	언	연	영	영
木	土	土	火	金	水	火	土	火	木

俉	玩	爰	禹	柳	俐	泰	泥	柅	峒
오	완	원	우	류/유	리	태	니	니	동
火	金	木	土	木	火	水	水	木	水

俍	昤	俚	玲	宣	契	沼	炤	乷	待
량	령/영	리	림	선	설	소	소	솔	대
火	火	火	金	火	木	水	火	木	火

耐	南	奈	帥	首	前	亭	訂	昭	姝
내	남	나	솔	수	전	정	정	소	주
水	火	木	木	水	金	火	金	火	土

奏	柱	炷	枳	祉	抮	泉	秒	芋	紆
주	주	주	지	지	진	천	초	우	우
木	木	火	木	木	木	水	木	木	木

垣	貟	宥	柚	兪	泑	玧	垠	音	昰
원	원	유	유	유	유	윤	은	음	하
土	金	木	木	土	水	金	土	金	火

垓	孩	倪	香	炫	眩	洝	泓	厚	垕
해	해	현	향	현	현	현	홍	후	후
土	水	火	木	火	火	水	水	土	土

俙	咥
희	희
火	水

마지막 자(7획)

我	亜	児	冶	延	姸	吾	囮	甬	佑
아	아	아	야	연	연	오	와	용	우
金	火	水	水	木	土	水	土	水	火

夽	攸	何	扞	忏	夾	亨	汞	杠	巠
운	유	하	한	한	협	형	홍	강	경
木	金	火	木	火	木	土	水	木	水

攻	局	杞	吝	見	汏	彤	豆	杜	良
공	국	기	린	견/현	대	동	두	두	량
金	木	木	水	火	水	火	木	木	土

呂	伶	李	里	序	成	邵	劭	秀	材
려	령/영	리/이	리	서	성	소	소	수	재
水	火	木	土	木	火	火	木	木	木

扗	玎	町	廷	呈	皁	住	址	志	池
재	정	정	정	정	조	주	지	지	지
木	金	土	木	水	水	火	土	火	水

辰	吱	初	免	伯	步	甫	庇	伓	更
진	지	초	면	백	보	보	비	비	경
土	水	金	木	火	土	水	木	火	金

冏	妗	兑	伽	听	希	呀	杅	杝
경	금	태	가	은	희	하	우	이
火	土	金	火	水	木	水	木	木

마지막 자(16획)

餓	遊	裵	諭	梱	億	觰	嗬	退	賮
아	유	경	유	윤	은	다	하	하	하
水	土	木	金	木	火	木	水	土	火

嶰	廨	諧	樺	澕	誼	諱	潾	燐	橉
해	해	해	화	화	훤	휘	린	린	린
土	木	金	木	水	金	金	水	火	木

墻	壇	錟	潭	龍	錀	敾	陞	諦	踶
강	단	담	담	룡/용	륜/윤	선	승	제	제
土	土	金	水	土	金	金	土	金	土

潤	蓖	暻	噤	錦	黅	橄	橲	熮	霖
민	비	경	금	금	금	경	경	경	림
水	木	火	水	金	土	木	木	火	水

蹇
건
土

두 번째 자(10획)

晐	昫	芩	娊	花	效	候	烜	唏	祚
해	향	금	현	화	효	후	훤	희	조
火	火	木	土	木	金	火	火	水	金

晁	晑	租	笊	珈	粃	們	珉	哿	耿
조	조	조	조	가	비	문	민	가	경
火	金	木	木	金	木	火	金	水	火

洑	徒	拿	娜	倫	乘	𡥆	娘	袊	袮
보	도	나	나	륜/윤	승	나	낭	뉴/유	니
水	火	木	土	火	火	水	土	木	木

凍	倓	玳	倒	桃	烔	洞	珂	哴	珆
동	담	대	도	도	동	동	가	랑	태
水	火	金	火	木	火	水	金	木	金

秢	朒	哨	秒	徐	洗	剡	閃	城	洗
령/영	눌	초	초	서	선	섬	섬	성	세
木	水	水	金	火	水	金	木	土	水

笑	殊	修	時	倉	淸	䢘	芝	洔	芷
소	수	수	시	창	청	지	지	지	지
木	水	火	火	火	水	土	木	水	木

持	砥	珍	眞	晋	晉	紐
지	지	진	진	진	진	뉴/유
木	金	金	木	火	火	木

마지막 자(7획)

何	罕	扞	見	我	亜	冶	延	姸	吾
하	한	한	견/현	아	아	야	연	연	오
火	木	木	火	金	火	水	木	土	水

完	甬	扜	会	攸	听	李	杠	坙	局
완	용	우	운	유	은	리	강	경	국
木	水	木	木	金	水	木	木	水	木

昦	彤	豆	杜	来	良	呂	兌	序	汐
대	동	두	두	래	량	려	태	서	석
火	火	木	木	木	土	水	金	木	水

成	忕	邵	劭	秀	材	扗	佃	玎	町
성	세	소	소	수	재	재	전	정	정
火	火	火	木	木	木	木	火	金	土

呈	廷	皁	住	坻	吱	池	庇	步	志
정	정	조	주	지	지	지	비	보	지
水	木	水	火	土	水	水	木	土	火

辰	車	初	免	伯	伽	冏
진	차	초	면	백	가	경
土	火	金	木	火	火	火

마지막 자(13획)

閜	荷	廈	楷	傒	逅	塍	暄	煊	輝
하	하	하	해	혜	후	승	훤	훤	휘
木	木	木	木	火	土	土	火	火	火

煒	衙	誀	阿	瑛	湲	楥	瑈	碄	琳
휘	아	나	아	영	원	원	유	림	림
火	火	金	土	金	水	木	金	金	金

琸	琰	詣	鉛	鉉	話	詰	楗	經	誆
탁	염	예	연	현	화	힐	건	경	광
金	金	金	金	金	金	金	木	木	金

僅	瑉	銀	祺	湍	湛	鈴	旒	裏	暑
근	민	민	기	단	담	령/영	류/유	리	서
火	金	金	木	水	水	金	木	木	火

鉐	渲	惺	嗉	減	詮	稠	鉦	鈺	惩
석	선	성	소	재	전	조	정	주	건
金	水	火	水	水	金	木	金	金	火

粲	琗	楚	舲	琵	賈	嫁	惩	揵	湕
찬	채	초	별	비	가	가	건	건	건
木	金	木	木	金	金	土	火	木	水

琴
금
金

23획 성씨

欒	난	木

길한 조합수리

23-8-8	23-8-10

두 번째 자(8획)

奈	杻	忸	呢	炎	岱	坮	武	庚	到
나	뉴/유	뉴/유	니	담/염	대	대	무	경	도
火	木	火	水	火	土	土	金	金	金

東	來	雨	兩	林	門	炆	汶	忞	岷
동	래	우	량	림	문	문	문	민	민
木	木	水	土	木	木	火	水	火	土

旼	旻	味	坁	泜	岦	汰	京	卷	劵
민	민	미	지	지	립	태	경	권	권
火	火	水	土	水	土	水	土	木	金

昑	金	佳	呵	炅	坷	知	沚	佼	炒
금	금	가	가	경	가	지	지	교	초
火	金	火	水	火	土	土	水	火	火

佻	祖	杪	抄	抒	宙	周	找	昔	所
조	조	초	초	서	주	주	조	석	소
火	火	木	木	木	木	水	木	火	木

松	受	承	岹	昇	宗	构	采	岧	青
송	수	승	승	승	종	진	채	초	청
木	水	木	土	火	木	木	木	土	木

佺	政	定	姃	婑	亞	妸	岸	昂	艾
전	정	정	정	아	아	아	안	앙	예
火	火	木	土	土	火	土	土	火	木

兗	昈	盂	沄	杬	沅	忨	侑	臾	沇
연	오	우	운	원/완	원	완	유	유	윤
土	火	金	水	木	水	火	火	土	水

哈	享	玹	呼	和	効	姁	昍	明	忻
해	향	현	호	화	효	후	훤	명	흔
水	土	土	水	水	土	土	火	火	火

昕	炘	欣	命	宝	甹	枇	沘
흔	흔	흔	명	보	볼	비	비
火	火	火	水	金	木	木	水

政	周	尙	抒	昔	所	松	受	承	乖
정	주	상	서	석	소	송	수	승	승
火	水	金	木	火	木	木	水	木	土

昇	征	佺	姃	宗	宙	沚	坁	知	采
승	정	전	정	종	주	지	지	지	채
火	火	火	土	木	木	水	土	土	木

岹	取	奈	杻	來	忸	呢	岱	垈	東
초	취	나	뉴/유	래	뉴/유	니	대	대	동
土	木	火	木	木	火	水	土	土	木

兩	雨	侖	林	岦	汰	找	沔	命	明
량	우	륜/윤	림	립	태	조	면	명	명
土	水	火	木	土	水	木	水	水	火

武	味	京	卷	劵	吟	佼	門	汶	炆
무	미	경	권	권	금	교	문	문	문
金	水	土	木	金	火	火	木	水	火

旻	旼	宝	步	曺	炒	徂	非	枇	沘
민	민	보	보	볼	초	조	비	비	비
火	火	金	土	木	火	火	水	木	水

批	枒	娿	亞	妸	岸	昂	艾	兗	旿
비	아	아	아	아	안	앙	예	연	오
木	木	土	火	土	土	火	木	土	火

盂	沄	沅	抏	杬	忨	侑	沇	哈	姀
우	운	원	완	완	완	유	윤	해	현
金	水	水	木	木	火	火	水	水	土

呼	和	効	姁	旰	忻	昕	炘	庚	炅
호	화	효	후	훤	흔	흔	흔	경	경
水	水	土	土	火	火	火	火	金	火

呵	坷	佳	金
가	가	가	금
水	土	火	金

마지막 자(10획)

笑	閃	城	乘	洙	修	宰	栓	曺	厝
소	섬	성	승	수	수	재	전	조	조
木	木	土	火	水	火	木	木	土	金

隼	芷	芝	砥	秪	砢	眞	珍	晋	晉
준	지	지	지	지	지	진	진	진	진
火	木	木	金	木	土	木	金	火	火

淸	娜	拿	笯	紐	袓	祢	倓	洞	凍
청	나	나	나	뉴/유	뉴/유	니	담	동	동
水	土	木	水	木	木	木	火	水	水

玲	倫	晁	租	祚	們	珉	花	耿	哥
령/영	륜/윤	조	조	조	문	민	화	경	가
金	火	火	木	金	火	金	木	火	水

哿	倞	哽	耕	虔	衾	笒	芩
가	경	경	경	건	금	금	금
水	火	水	土	木	木	木	木

25획 성씨

獨孤	독고	土水

길한 조합수리

25-12-4	25-10-6	25-8-8

두 번째 자(12획)

軻	椏	峨	焿	湀	堯	景	寓	雲	阮
가	아	아	영	영	요	경	우	운	원
火	木	金	火	水	土	火	木	水	土

媛	釉	鈗	阢	硬	壹	賀	厦	琄	惠
원	유	윤	윤	경	일	하	하	현	혜
土	金	金	土	金	木	金	土	金	火

傒	皓	街	淏	畫	喉	嵁	勛	喧	迦
혜	호	가	호	화	후	후	훈	훤	가
火	金	土	水	木	水	土	火	水	土

訶	稀	雯	媄	閔	悶	勣	普	堡	淝
가	희	문	미	민	민	별	보	보	비
金	木	水	土	木	火	土	火	土	木

惗	捺	胗	茶	茤	覃	毯	啿	淡	胴
녑	날	나	다	다	담	담	담	담	동
火	木	水	木	木	金	火	水	水	水

凍	掄	淪	粦	淋	犂	琳	跆	備	盛
동	륜/윤	륜/윤	린	림	리	림	태	비	성
水	木	水	木	水	土	火	土	火	火

邵	酥	授	淀	済	詔	淙	悰	註	竣
소	소	수	정	제	조	종	종	주	준
土	金	木	水	水	金	水	火	金	土

智	診	採	棌
지	진	채	채
火	金	木	木

마지막 자(4획)

牙	円	午	予	日	友	云	引	仁	日
아	엔	오	여	왈	우	운	인	인	일
金	土	火	金	火	水	水	火	火	火

卄	六	戶	化	內	丹	太	斗	木	比
입	항	호	화	내	단	태	두	목	비
水	水	木	火	木	火	木	火	木	火

文	方	反	夫	少	牛	矢	心	止	支
문	방	반	부	소	우	시	심	지	지
木	土	水	木	水	土	金	火	土	土

天	升	今	井	中	之	元	火
천	승	금	정	중	지	원	화
火	木	火	水	土	木	木	火

두 번째 자(10획)

洧	娥	哦	峨	洋	衍	芮	祐	芸	員
유	아	아	아	양	연	예	우	운	원
水	土	水	土	水	水	木	金	木	水

芫	秞	垠	圓	浪	恩	㱈	娊	洪	效
원	유	은	은	은	은	해	현	홍	효
木	木	土	水	水	火	火	土	水	金

候	烜	唏	花	烔	晁	厝	租	祚	乘
후	원	희	화	동	조	조	조	조	승
火	火	水	木	火	火	金	木	金	火

笊	沭	珉	洣	珀	芘	箆	芭	俵	紋
조	보	민	미	백	비	비	파	표	문
木	水	金	水	金	木	木	木	火	木

粃	肥	哥	哿	家	珂	倞	哽	耕	虔
비	비	가	가	가	가	경	경	경	건
木	水	水	水	木	金	火	水	土	木

衾	芩	笒	祢	袓	紐	娜	員	爹	倓
금	금	금	니	뉴/유	뉴/유	나	원/운	다	담
木	木	木	木	木	木	土	水	木	火

玳	凍	倆	玲	倫	唎	珆	砬	敉	笑
대	동	량	령/영	륜/윤	리	태	립	미	소
金	水	火	金	火	水	金	金	金	木

茅	城	閃	剡	殊	栓	曹	株	洲	隼
서	성	섬	섬	수	전	조	주	주	준
木	土	木	金	水	木	土	木	水	火

舸	砥	芝	祗	持	眞	晋	晉	珍	倉
지	지	지	지	지	진	진	진	진	창
土	金	木	木	木	木	火	火	金	火

秒
초
金

마지막 자(6획)

羊	安	伍	宇	有	聿	合	亥	行	向
양	안	오	우	유	율	합	해	행	향
土	木	火	木	水	火	水	水	火	水

好	回	余	曳	羽	因	印	后	件	共
호	회	여	예	우	인	인	후	건	공
土	水	火	金	火	水	木	水	火	金

光	交	圭	企	乬	多	同	名	米	百
광	교	규	기	걸	다	동	명	미	백
火	火	土	火	木	水	水	水	木	水

仳	牝	早	朱	尖	全	丞	卉	旴	汀
비	빈	조	주	첨	전	승	훼	우	정
火	土	火	木	金	土	木	木	水	水

兆	打	此	存	色	舌	衣	伊
조	정	차	존	색	설	의	이
火	木	土	木	土	水	木	火

享	呟	呼	呟	昊	和	効	昍	明	枇
향	현	호	현	호	화	효	훤	명	비
土	水	水	土	火	水	土	火	火	木

泚	門	佳	羌	庚	炅	沔	武	味	炇
비	문	가	강	경	경	면	무	미	문
水	木	火	土	金	火	水	金	水	火

扠	汶	炒	取	采	旻	旼	岷	忞	宝
문	문	초	취	미	민	민	민	민	보
木	水	火	木	土	火	火	土	火	金

步	甹	金	坷	呵	昑	京	杪	非	抒
보	볼	금	가	가	금	경	초	비	서
土	木	金	土	水	火	土	木	水	木

昔	所	松	受	承	昇	盄	峀	青	佺
석	소	송	수	승	승	승	청	청	전
火	木	木	水	木	火	土	土	木	火

政	征	定	姃	找	岨	采	枃	佻	宗
정	정	정	정	조	조	채	진	조	종
火	火	木	土	木	火	木	木	火	木

周	宙	沚	知	泜	坻	呢	忸	杻	奈
주	주	지	지	지	지	니	뉴/유	뉴/유	나
水	木	水	土	水	土	水	火	木	火

炎	岱	坕	到	侗	東	枓	抖	來	雨
담	대	대	도	동	동	두	두	래	우
火	土	土	金	火	木	木	木	木	水

兩	侖	林	岦	汰	妸	亞	娿	柀	昂
량	륜/윤	림	립	태	아	아	아	아	앙
土	火	木	土	水	土	火	土	木	火

艾	㐺	昈	盂	旴	杬	沅	忨	抏	沄
예	연	오	우	우	원	원	완	완	운
木	土	火	金	木	木	水	火	木	水

侑	臾	沇	哈
유	유	윤	해
火	土	水	水

마지막 자(8획)

妸	亞	旴	娿	柀	昂	㐺	昈	盂	東
아	아	우	아	아	앙	연	오	우	동
土	火	木	土	木	火	土	火	金	木

侗	枓	抖	雨	兩	杬	抏	忨	沅	沄
동	두	두	우	량	원	완	완	원	운
火	木	木	水	土	木	木	火	水	水

侑	臾	沇	咍	享	呟	妶	呼	昊	知
유	유	윤	해	향	현	현	호	호	지
火	土	水	水	土	水	土	水	火	土

和	効	旵	佳	庚	研	臩	沔	武	味
화	효	훤	가	경	간	경	면	무	미
水	土	火	火	金	金	火	水	金	水

炎	初	杪	抄	炒	呵	坷	京	金	吟
담	초	초	초	초	가	가	경	금	금
火	金	木	木	火	水	土	土	金	火

門	坻	沶	沚	宙	周	宗	佺	政	征
문	지	지	지	주	주	종	전	정	정
木	土	水	水	木	水	木	火	火	火

定	姃	找	徂	采	构	佻	忞	旻	咬
정	정	조	조	채	진	조	민	민	민
木	土	木	火	木	木	火	火	火	火

枇	泚	抒	昔	所	松	受	承	昇	歪
비	비	서	석	소	송	수	승	승	승
木	水	木	火	木	木	水	木	火	土

炆	取	采	岷	宝	步	甹	明	汶
문	취	미	민	보	보	볼	명	문
火	木	土	土	金	土	木	火	水

31획 성씨

諸葛	제갈	金木

길한 조합수리

31-10-6	31-10-7

두 번째 자(10획)

娜	拿	挐	舠	紐	袓	爹	倓	倒	烔
나	나	나	나	뉴/유	뉴/유	다	담	도	동
土	木	水	水	木	木	木	火	火	火

洞	玳	凍	玲	秭	倫	珆	哦	峨	衍
동	대	동	령/영	령/영	륜/윤	태	아	아	연
水	金	水	金	木	火	金	水	土	水

芮	祐	員	貟	原	洹	洧	恩	殷	浪
예	우	운	원	원	훤	유	은	은	은
木	金	水	水	土	水	水	火	金	水

圁	垠	夏	晐	晑	娊	芦	祜	訌	花
은	은	하	해	향	현	호	호	홍	화
水	土	火	火	火	土	木	金	金	木

俰	效	洑	候	烜	唏	洺	們	渼	籹
화	효	보	후	훤	희	명	문	미	미
火	金	水	火	火	水	水	火	水	金

珉	紋	粃	肥	笒	衿	芩	珂	珈	珀
민	문	비	비	금	금	금	가	가	가
金	木	木	水	木	木	木	金	金	水

倞	耿	徑	耕	虔	祢	倆	唎	乘	晁
경	경	경	경	건	니	량	리	승	조
火	火	火	土	木	木	火	水	火	火

厝	租	祚	笑	茅	城	閃	剡	殊	栓
조	조	조	소	서	성	섬	섬	수	전
金	木	金	木	木	土	木	金	水	木

曺	株	洲	隼	舸	砥	芝	祗	持	眞
조	주	주	준	지	지	지	지	지	진
土	木	水	火	土	金	木	木	木	木

晋	晉	珍	倉	秒	珀	芘	芭	俵	
진	진	진	창	초	백	비	파	표	
火	火	金	火	金	金	木	木	火	

마지막 자(6획)

安	因	羊	仰	宇	有	聿	合	亥	行
안	인	양	앙	우	유	률/율	합	해	행
木	水	土	火	木	水	水	水	水	火

向	好	回	多	同	件	共	光	交	圭
향	호	회	다	동	건	공	광	교	규
水	土	水	水	水	火	金	火	火	土

企	先	丞	舌	在	全	汀	早	朱	旨
기	선	승	설	재	전	정	조	주	지
火	木	木	水	土	土	水	火	木	火

名	米	百	仳	牝	灯	打	此	尖	休
명	미	백	비	빈	정	정	차	첨	휴
水	木	水	火	土	火	木	土	金	火

后	吁	兆	存	印	妃	色	仵	衣	伊
후	우	조	존	인	비	색	오	의	이
水	水	火	木	木	土	土	火	木	火

마지막 자(7획)

男	伶	但	昊	汏	彤	豆	何	更	伽
남	령/영	단	대	대	동	두	하	경	가
火	火	火	火	水	火	木	火	金	火

冏	妗	良	会	我	亜	冶	言	余	延
경	금	량	운	아	아	야	언	여	연
火	土	土	木	金	火	水	金	火	木

姸	攸	李	杝	罕	見	夾	汞	希	佑
연	유	리	이	한	견/현	협	홍	희	우
土	金	木	木	木	火	木	水	木	火

辰	初	汐	序	成	宋	材	住	志	劭
진	초	석	서	성	송	재	주	지	소
土	金	水	木	火	木	木	火	火	火

劭	址	吝	里	利	兌	免	步	庇	伾
소	지	린	리	리	태	면	보	비	비
木	土	水	土	金	金	木	土	木	火

秀	扗	廷	玎	町	呈	征	池	吱	車
수	재	정	정	정	정	정	지	지	차
木	木	木	金	土	水	火	水	水	火

吹
취

水